„Du hast meinen Segen. Es ist ein Buch, das geschrieben werden musste. Es wird viel Gutes tun."

Dr. Peter John Kreeft
Professor of Philosophy, Boston College

„Spiritualität kann wie ein amorphes, unpraktisches und unpresbyterianisches Streben erscheinen. Aber historisch gesehen könnte nichts weiter von der Wahrheit entfernt sein. Für alle, die das „Wie" des christlichen Lebens erforschen möchten, hat Stephen Hiemstra einen hilfreichen, zugänglichen Leitfaden bereitgestellt, der in seinem Aufbau der klassischen katechetischen Struktur des Apostolischen Glaubensbekenntnisses (wie Christen glauben sollten), des Vaterunsers (wie Christen beten sollten), und der Zehn Gebote (wie Christen leben sollten) folgt.

Rev. David A. Currie, Ph.D.
Director of the Doctor of Ministry Program and
Associate Professor of Pastoral Theology, Gordon-Conwell Theological Seminary

„Vor dem Hintergrund der Glaubensregeln—Apostolisches Glaubensbekenntnis, Zehn Gebote und Vaterunser—eröffnet Hiemstra das Thema christliche Spiritualität mit theologischem Scharfsinn und praktischer Anwendung. Dies ist ein Buch für diejenigen, die verstehen wollen, wie man am besten einen lebendigen Glauben und eine sich ständig vertiefende hingebungsvolle und erlebte Kenntnis Gottes haben kann."

Dr. Stephen Macchia
Founder and president of Leadership Transformations and director of the Pierce Center for Disciple-Building at Gordon-Conwell Theological Seminary.

Andere Bücher des Autors:

A Christian Guide to Spirituality
Called Along the Way
Everyday Prayers for Everyday People
Life in Tension
Living in Christ
Oraciones
Prayers
Prayers of a Life in Tension
Masquerade
Simple Faith
Spiritual Trilogy
Una Guía Cristiana a la Espiritualidad
Vida en Tensión

EIN CHRISTLICHER LEITFADEN ZUR SPIRITUALITÄT

Verlorener Weg im Winter

EIN CHRISTLICHER LEITFADEN ZUR SPIRITUALITÄT

Grundlagen für Jünger

Stephen W. Hiemstra

T2PNEUMA PUBLISHERS LLC
CENTREVILLE, VIRGINIA

Ein Christlicher Leitfaden zur Spiritualität: Grundlagen für Jünger

Copyright © 2022 Stephen W. Hiemstra. Alle Rechte vorbehalten. Mit Ausnahme von kurzen Auszügen in Artikeln und kritischen Rezensionen darf kein Teil dieses Werkes ohne vorherige schriftliche Genehmigung des Herausgebers in irgendeiner Form, in gedruckter oder elektronischer Form, reproduziert, übertragen oder gespeichert werden.

Copyright © 2022 Stephen W. Hiemstra. All rights reserved. With the exception of short excerpts used in articles and critical review, no part of this work may be reproduced, transmitted, or stored in any form whatsoever, printed or electronic, without prior written permission of the publisher.

T2Pneuma Publishers LLC, P.O. Box 230564, Centreville, Virginia 20120
www.T2Pneuma.com

ISBN: 978-1-942199-31-1 (Paperback)
978-1-942199-36-6 (KDP)
978-1-942199-38-0 (EPUB)
LCCN: 2021919744

Besonderer Dank gilt meiner Lektorin Sabine Seiler für ihre Sorgfalt und Liebe zum Detail.

Alle Bibelzitate, sofern nicht anders angegeben, stammen aus der Bibel nach der Übersetzung von Martin Luthers, revidierte Fassung, Stuttgart 2017.

Das Bild auf der Titelseite ist ein Mosaik aus dem 12. Jahrhundert, bekannt als Hagia Sophia (Heilige Weisheit) aus einer gleichnamigen Basilika in Istanbul, Türkei. Das elektronische Bild ist lizenziert von iStockPhoto (www.iStockPhoto.com) aus Calgary in Alberta, Kanada.

Covergestaltung und Fotografien von SWH.

INHALT

Vorwort..ix

Einführung

Überblick... 2

TAG 1: Warum ist Spiritualität wichtig?..................... 4

TAG 3: Wer sind Wir?...13

TAG 4: Was sollen wir tun?...................................... 18

TAG 5: Wie wissen wir überhaupt irgendetwas?..........23

Das Apostolische Glaubensbekenntnis

Überblick...30

TAG 6: Was glaubst du über Gott?........................... 32

TAG 7: Allmächtiger Schöpfer................................. 36

TAG 8: Jesus Christus..40

TAG 9: Heilig Empfängnis..44

TAG 10: Leidend...48

TAG 11: Hölle... 53

TAG 12: Auferstehung... 57

TAG 13: Himmelfahrt..61

TAG 14: Das Jüngste Gericht....................................65

TAG 15: Der Heilige Geist..70

TAG 16: Die heilige katholische Kirche...................... 74

TAG 17: Gemeinschaft der Heiligen......................... 78

TAG 18: Vergebung der Sünden............................. 82

TAG 19: Auferstehung des Körpers...........................87

TAG 20: Ewiges Leben... 91

Das Vaterunser

Überblick..96

TAG 21: Was ist Deine Geisteshaltung im Gebet?.........98

TAG 22: Unser Himmlischer Vater..........................101

TAG 23: Lobe den Namen....................................... 106

TAG 24: Im Himmel so auf Erden........................... 110

TAG 25: Gottes Wille Geschehe.............................. 114

TAG 26: Gib Uns Täglich Brot................................117

TAG 27: Du Vergibst; Wir Vergeben....................... 121

TAG 28: Versuchung und Böses.............................126

TAG 29: Doxologie (Lobpreisung).........................130

Die Zehn Gebote

Überblick..36

TAG 30: Die Zehn Gebote...................................... 138

TAG 31: Keine Anderen Götter (Erstes Gebot)............142

TAG 32: Mache Keine Bildnisse (Zweites Gebot).........147

TAG 33: Ehre den Namen (Drittes Gebot)..................151

TAG 34: Halte Den Sabbattag Heilig (Viertes Gebot)... 155

TAG 35: Ehre Deine Eltern (Fünftes Gebot)............... 159

TAG 36: Morde Nicht (Sechstes Gebot).....................163

TAG 37: Begehe keinen Ehebruch (Siebtes Gebot)...... 167

TAG 38: Stehle Nicht (Achtes Gebot).......................171

TAG 39: Lüge Nicht (Neuntes Gebot).................... 175

TAG 40: Begehre Nicht (Zehntes Gebot).................. 179

Spirituelle Disziplinen

Überblick... 186

TAG 41: Warum ist Musik eine wichtige spirituelle Disziplin?... 189

TAG 42: Warum sollen wir täglich Zeit in Andacht und Gebet verbringen?... 193

TAG 43: Warum sollen wir uns trainieren?............... 197

TAG 44: Inwieweit ist Arbeit auch eine spirituelle Diszipl

in?... 202

TAG 45: Was ist an Ehe und Familie spirituell?......... 206

TAG 46: Warum an einer Kleingruppe teilnehmen?... 211

TAG 47: Warum sollen wir am Sabbat ruhen?............215

TAG 48: Was genau ist Gottesdienst?..................... 220

Schlussfolgerungen

TAG 49: Was sind die großen Glaubensfragen?......... 228

TAG 50: Wie können wir unseren Weg mit dem Herrn hegen und pflegen?... 232

Verweise... 237
Schriftlicher Index.................................... 247
Anerkennung.. 253
Über den Autor...255

Vorwort

Spiritualität ist gelebter Glaube, ob im Gebet, in der Andacht, oder in der Begegnung mit unseren Mitmenschen. Dabei verleiht unser Glaube unserer Spiritualität eine Struktur, ähnlich wie die Knochen der Haut, die sich über sie erstreckt, eine Struktur geben. Dieser Glaube beginnt mit dem Glauben an Gott den Vater durch Jesus Christus, wie er durch den Heiligen Geist in der Schrift, in der Kirche und im täglichen Leben offenbart wird. Unsere Theologie verleiht unserem Glauben Ordnung. Ohne eine kohärente Theologie verlieren wir unsere Identität in Raum und Zeit, wandern ohne Karte oder Kompass richtungslos umher. Schließlich richten wir uns nur nach uns selbst, nicht nach Gott.

Christliche Spiritualität fängt dementsprechend bei Gott an, nicht bei uns. Wie die Frau, die Jesus von einer Verkrümmung der Wirbelsäule geheilt hat, können auch wir unsere einzige Antwort darin finden, Gott mit Lobliedern zu preisen (Lk 13,13). Deshalb erleben wir dauerhafte christliche Freude nicht durch die Erkenntnis, dass Christus unser Retter ist, sondern dadurch, dass wir erkennen, dass Christus unser Herr ist. Spirituelle

Disziplinen und Erfahrungen sind Teil dieser Spiritualität, aber sie stehen nicht unbedingt im Mittelpunkt (1 Kor 13,8).

Sich auf das zu besinnen, was Gott für uns getan hat, beginnt schon im ersten Vers der Schöpfungsgeschichte im 1. Buch Mose 1,1, wo beschrieben wird, wie Gott Himmel und Erde erschaffen hat. Was genau haben wir getan, dass wir verdienen, geschaffen zu werden? Gar nichts. Ganz im Gegenteil—unsere erste eigenständige Handlung war es, zu sündigen. Was genau haben wir denn getan, um Vergebung zu verdienen? Gar nichts. Nichts. Christus ist für unsere Sünden gestorben. Die einzig sinnvolle Antwort auf diese Gaben der Schöpfung und des Heils ist Lob.

Im Frühchristentum wurden Gottes Offenbarungen interpretiert und im biblischen Text und in den frühen Glaubensbekenntnissen zusammengefasst. Die Katechismen wurden erst später entwickelt, um wichtige kirchliche Lehren zusammenzufassen. Der Heidelberger Katechismus, Luthers Katechismus und der katholische Katechismus konzentrieren sich auf drei wichtige Glaubensaussagen: das Apostolische Glaubensbekenntnis, das Vaterunser, und die Zehn Gebote (Chan 2006, 108). Es ist also kein Wunder, dass sich der Sonntagsgottesdienst seit Jahrhunderten um diese drei Glaubenssaussagen dreht und diese oft auswendig gelernt und vertont werden. Zum Beispiel steht im Heidelberger Katechismus Anbetung und Gottesdienst im Zentrum, was durch die Unterteilung in 52 Predigtthemen für den wöchentlichen Gebrauch noch unterstrichen wird.

Die wichtigste spirituelle Disziplin im christlichen Glauben ist natürlich der Gottesdienst am Sonntagmorgen. Der Gottesdienst umfasst Gebet, Lesungen aus der Heiligen Schrift, das gesprochene Wort, die Sakramente, Musik, Glaubensbekenntnisse, und andere Ausdrucksformen der gläubigen Anbetung. Im Gottesdienst verbindet Musik unser Herz und unseren Verstand.

Dieses Gottesdiensterlebnis wird täglich durch persönliche Andachten sowie Andachten mit Ehepartnern, Familienmitgliedern und anderen kleinen Gruppen vertieft. Das Urbild der kleinen Gruppe ist die Dreifaltigkeit—Vater, Sohn und Heiliger Geist—unser Vorbild für eine gesunde Gemeinschaft. Und wenn wir unsere Spiritualität in die Arbeitswelt hineintragen, dann wird auch unser Arbeitsalltag zum Gottesdienst.

Die folgenden Seiten beleuchten die christliche Spiritualität im Kontext von täglichen Andachten. Zu jedem Thema gibt es biblische Textstellen, Reflexion, Gebet, und Diskussionsfragen. Wo es angebracht ist, werden Hinweise für weitere Studien angeboten. Die ersten vier Kapitel (Einführung, das Apostolische Glaubensbekenntnis, das Vaterunser, und die Zehn Gebote) umfassen vierzig Tage und eignen sich daher zum Studium während der Fastenzeit. Die gesamte Studie umfasst fünfzig Tage, und kann an Ostern begonnen und bis Pfingsten fortgeführt werden.

Mein Gebet für dieses Buch ist, dass es seine Leser ermutigt, die christliche Spiritualität besser zu verstehen und dass es sie in ihrem christlichen Lebenswandel unterstützt. So etwas wie „quality time" mit dem Herrn gibt es nicht; es gibt nur Zeit mit Gott. Der lebendige Gott spricht mit uns in vielfältiger Weise, vor allem aber durch die Heilige Schrift, und nachdem er den Dialog mit uns begonnen hat, erwartet er eine Antwort von uns (Thielicke 1962, 34).

Höre die Worte; gehe die Schritte; erlebe die Freude!

∞

Himmlischer Vater,

Ich glaube an Jesus Christus, der Sohn des lebenden Gottes, der für unsere Sünden starb und von den Toten auferweckt wurde. Komm in mein Leben, hilf mir, die Sünde in meinem Leben, die mich von Gott trennt, aufzugeben und zu bereuen. Reinige mich von dieser Sünde, erneuere deinen Heiligen Geist in mir, damit ich nicht weiter sündige. Bringe deine Heiligen und eine getreue Kirche in mein Leben, dass sie mich ehrlich zu mir selbst halten und mich dir näherbringen. Zerreiße alle Ketten, die mich an die Vergangenheit binden—seien es Schmerzen oder Sorgen oder schwere Versuchungen—damit ich Gott, den Vater, frei in mein Leben willkommen heißen kann, der durch Christus Jesus jetzt und immer jede Lücke schließen und jedes Leiden heilen kann. Im geliebten Namen Jesu, Amen.

EINFÜHRUNG

Warum ist Spiritualität wichtig?

Wer ist Gott?

Wer sind wir?

Was sollen wir tun?

Wie wissen wir überhaupt irgendetwas?

Überblick

Spiritualität ist gelebter Glaube (Chan 1998, 16). Auch wenn wir uns dessen nicht immer ganz bewusst sind, hat jeder von uns eine Theologie, die wir üben. Immer wenn wir darauf bestehen, dass alles nach unserem Willen gehen soll, leugnen wir Gottes Souveränität über diesen Teil unseres Lebens (Röm 9,18) und schaffen so einen blinden Fleck. Wenn uns die Umstände später dazu zwingen, zu überdenken was wir getan haben, dann werden wir vielleicht feststellen, dass wir eine Theologie leben, die wir nicht wählen würden, wenn wir mehr Zeit zum Nachdenken hätten.

Ein hilfreicher Rahmen für die Reflexion über unsere persönliche Theologie sind vier Fragen aus der Philosophie (Kreeft 2007, 6). Diese Fragen sind:

1. Wer ist Gott? (Metaphysik)
2. Wer sind Wir? (Anthropologie)
3. Was sollen wir tun? (Ethik) und
4. Wie wissen wir überhaupt irgendetwas (Epistemologie).

Am Beginn unserer Andachten werden wir uns auf diese Fragen konzentrieren und dann von Zeit zu

Zeit darauf zurückkommen, um zu sehen, was wir lernen können.

TAG 1: Warum ist Spiritualität wichtig?

Jesus spricht zu ihm: Ich bin der Weg und die Wahrheit und das Leben; niemand kommt zum Vater denn durch mich.

(Joh 14,6)

Einige Fragen haben keine einfachen Antworten: Wer ist Gott? Wer sind wir? Was sollen wir tun? Wie wissen wir überhaupt irgendetwas?

Im internationalen Wettbewerb unter Marathonläufern waren einst die Äthiopier dominierend. Die Kenianer hatten Talent, aber die Äthiopier trainierten härter und besser. Die Ausbildung in großen Höhenlagen machte sie stärker, und die Ausbildung als Mannschaft befeuerte ihren Ehrgeiz und ihre Wettbewerbsstärke.

Es gab Zeiten, zu denen Afrikaner bei diesen Sportwettkämpfen nicht mitmachen durften. Das Recht zu konkurrieren kam nicht auf einmal, aber es begann mit den Bemühungen, die Sklaverei abzuschaffen. Im neunzehnten Jahrhundert verbrachte William Wilberforce, ein frommer Christ, den größten Teil seines Lebens an der Spitze der Bemühungen, die Sklaverei in Großbritannien des abzuschaffen. Später schrieb er über die Notwendigkeit einer spirituellen Ausbildung und sagte:

Niemand erwartet, die Höhe des Verständnisses oder der Künste oder der Macht oder des Reichtums oder des militärischen Ruhms zu erreichen, ohne starke Entschlossenheit, angestrengten Fleiß und beständige Ausdauer. Wir erwarten jedoch, Christen zu sein, ohne Arbeit, Studium, oder Forschung. (Wilberforce 2006, 5–6).

Wilberforce könnte dabei auch an mich gehabt haben. Ich habe mich jahrelang zu Christus als meinem Retter bekannt, ihn aber nicht als meinen Herrn angenommen. Mein Glaube war unvollständig. Erst als ich lernte, die Herrschaft Christi auf mein Leben anzuwenden, erlebte ich ein anhaltendes Gefühl christlicher Freude.

Der Inhalt des Glaubens ist ausschlaggebend. „Es ist aber der Glaube eine feste Zuversicht dessen, was man hofft, und ein Nichtzweifeln an dem, was man nicht sieht." (Hebr 11,1) Wenn ich glaube, dass Eierschalen weiß sind, habe ich nur die Eierschalenfarbe definiert. Aber wenn ich glaube, dass Christus von den Toten auferstanden ist, verändert sich meine ganze Welt—Gott existiert und der Tod hat nicht mehr das letzte Wort. Der Ruf zum Glauben definiert unsere Identität in Christus (Bonhoeffer 1995, 94).

Die Idee des christlichen Glaubens ist unmodern geworden. Die postmoderne Welt, in der wir leben, ist oft wie die Sahara, in der der Wind täglich Sandberge umher weht. Um in so einer Welt des Treibsandes eine Richtung einhalten zu können, brauchen wir eine Vermessungsmarkierung, die unseren Standort definiert. Ausgehend von dieser Markierung, kann uns dann eine Landkarte sowohl Richtung als auch Entfernung zu anderen Orten anzeigen. Ohne die feste Vermessungsmarkierung wird eine Landkarte jedoch zu einem Puzzle—wie Wörter ohne Definitionen—deren Teile nur in Bezug aufeinander eine Bedeutung haben. Die Heilige Schrift ist unsere Landkarte; unsere Markierung ist Jesus Christus (Benner 2002, 26).

Die Sonne scheint nicht immer; es regnet auch nicht jeden Tag. Spiritualität bedeutet, das zu leben, von dem wir wissen, dass es an guten und an schlechten Tagen wahr ist.

∞

Allmächtiger Vater,
Danke für die Person des Jesus von Nazareth; er hat für uns Sünder als Vorbild gelebt; er starb als Lösegeld für unsere Sünde, und seine Auferstehung gibt uns die Hoff-

nung auf Erlösung. Beflügele die geschriebenen Worte mit der Kraft deines Heiligen Geistes und erleuchte für uns die Worte, die wir lesen. Im Namen Jesu, Amen.

∞

Fragen

1. Was hat dich dazu bewogen, dieses Buch zu studieren?

2. Inwiefern ähneln sich körperliches und spirituelles Training?

3. Wer war William Wilberforce und warum erinnern wir uns an ihn?

4. Was ist Glaube? Warum es ist wichtig was wir glauben?

5. Welche Unsicherheiten erlebst du im Leben?

6. Warum ist die Heilige Schrift wie eine Landkarte? Inwiefern ist Jesus wie eine feste Markierung?

*Die Himmel erzählen die Ehre Gottes,
und die Feste verkündigt seiner Hände Werk.
Ein Tag sagt's dem andern,
und eine Nacht tut's kund der andern.*
(Ps 19,2–3)

Als ich jung war, wollte ich Pilot werden. Ich lernte, eine Karte zu lesen, mit einem Kompass zu arbeiten und nach den Sternen zu steuern, um mein Ziel zu erreichen. Die Idee, dass Gott einen Stern benutzen würde, um die Weisen zum Jesuskind zu führen, faszinierte mich. Ebenso faszinierend ist, wie Gott sich uns in der Schöpfungsgeschichte offenbart. Die Bibel sagt uns: „Am Anfang schuf Gott Himmel und Erde." (1. Mose 1,1) Was sagen uns diese einfachen Worte über Gott?

Die Phrase—am Anfang—sagt uns, dass Gott ewig ist. Wenn die Schöpfung einen Anfang hat, muss sie auch ein Ende haben. Das bedeutet, dass die Schöpfung nicht ewig ist, aber der Gott, der sie erschaffen hat, muss ewig sein. Wenn unser ewiger Gott die Zeit geschaffen hat, sowohl den Anfang als auch das Ende, dann gehört Gott alles, was er geschaffen hat. Sowohl der Töpfer herrsche über den Topf der machte, Gott herrsche über der Schöpfung. So wie der Töpfer der Herr des Topfes ist, den er gemacht hat, so ist Gott der Herr der Schöpfung (Jer 18,4–6). Gott hat die Schöpfung nicht in einem Armdrücken gewonnen oder online gekauft oder auf der Straße gefunden, er hat sie geschaffen—Gott ist ein Arbeiter (Whelchel 2012,7).

Gottes Souveränität wird in der zweiten Hälfte des Satzes hervorgehoben, wenn es heißt, dass Gott Himmel und Erde geschaffen hat. Hier bilden Himmel und Erde eine poetische Konstruktion, die als ein Merismus bezeichnet wird. Ein Merismus ist eine literarische Konstruktion mit der zum Beispiel eine Linie durch Angabe ihrer beiden Endpunkte definiert wird. Der Ausdruck „Himmel und Erde" bedeutet also, dass Gott alles geschaffen hat. Weil er alles geschaffen hat, ist er auch Herrscher über die Schöpfung und diese Herrschaft beinhaltet auch das Eigentum der Schöpfung.

Schon aus dem ersten Satz der Bibel wissen wir also, dass Gott ewig und Herrscher ist. Wir wissen auch dass er heilig ist. Warum? Sind Himmel und Erde gleich? Nein. Der Himmel ist der Sitz Gottes. In der Geschichte der Begegnung von Moses mit Gott im brennenden

Dornbusch (2. Mose 3, 5) erfahren wir, dass jeder Ort, an dem Gott ist, durch diese Gegenwart Gottes geheiligt wird, und zwar heilig im Sinne von ausgesondert, unterschieden, oder geweiht. Weil Gott im Himmel wohnt, muss der Himmel also heilig sein. Die Erde ist es nicht. Dennoch hat Gott beide geschaffen und ist Herrscher über beide (Offb 4,11).

Die Schöpfungsgeschichte zeigt uns zwei weitere wichtige Bilder von Gott.

Das erste Bild ist im 1. Mose 1,2; Hier wird der Atem oder Geist Gottes wie ein Vogel dargestellt, der über dem Wasser schwebt. Dieses Schweben erfordert Zeit und Mühe, was darauf hindeutet, dass Gott kontinuierlich an der Schöpfung und ihrer Erhaltung beteiligt ist. Die Bibel spricht ausführlich darüber, wie Gott für uns Sorge trägt. „Atem" wird in den ursprünglichen Sprachen der Bibel als Heiliger Geist übersetzt, sowohl im Hebräischen (Altes Testament) als auch im Griechischen (Neues Testament).

Das zweite Bild erscheint im 1. Mose 2 wo die Schöpfungsgeschichte persönlicher erzählt wird. Wie ein Töpfer mit Ton arbeitet (Jes 64, 8), so formt Gott Adam und siedelt ihn in einem Garten an. Dann spricht er mit Adam und weist ihn an, den Tieren Namen zu geben. Und wenn Adam sich einsam fühlt, erschafft Gott Eva aus Adams Rippe oder Seite, einer Stelle, die nah an Adams Herz liegt.

Im 1. Mose 1 und 2 sehen wir also drei Bilder von Gott: 1. Gott als mächtiger Schöpfer; 2. Gott, der sich sorgfältig um seine Schöpfung kümmert; und 3. Gott, der mit uns geht wie ein Freund. Während die Dreifaltigkeit erst im Neuen Testament vollständig in der Heiligen Schrift artikuliert ist, erscheint Gottes Selbstoffenbarung von Anfang an als Dreifaltigkeit (Chan 1998, 41).

Das Vaterunser wirft ein neues Licht auf 1. Mose 1,1 wenn Jesus sagt: „Dein Reich komme. Dein Wille geschehe wie im Himmel so auf Erden" (Mt 6,10). Weil wir in Gottes Bild geschaffen sind, wollen wir auch, dass unser Zuhause dem Sitz Gottes nachempfunden ist.

∞

Himmlischer Vater,
Wir preisen dich dafür, dass du Himmel und Erde geschaffen hast, dass du alles das erschaffen hast, was ist, was war und was kommen wird; und wir preisen dich für die Schaffung aller Dinge, sichtbar und unsichtbar. Wir preisen dich dafür, dass

du uns an dir durch Person des Jesus von Nazareth teilnehmen lässt, Jesus, der unser Vorbild im Leben, Erlöser im Tod und Hoffnung für die Zukunft ist. Wir preisen dich für den Heiligen Geist, der bei uns anwesend ist und uns mit geistigen Gaben überschüttet und alle Dinge erhält. Öffne unsere Herzen, erleuchte unseren Geist, stärke unsere Hände zu deinem Dienst. Im Namen Jesu, Amen.

∞

Fragen

1. Welcher Teil der Schöpfungsgeschichte ist für dich am bedeutsamsten?

2. Inwiefern ist Merismus hilfreich, um Gottes Natur zu verstehen? Wie unterscheidet es sich das von der Idee des Bildes?

3. Wie verhält sich Gott zurzeit? Wie wissen wir?

4. Was ist das Besondere am Himmel? Woher wissen wir das?

5. Was sind Gottes Eigenschaften? Was bedeuten heilig, ewig, und souverän?

TAG 3: Wer sind Wir?

Wer, sagen die Leute, dass ich sei? Sie aber sprachen zu ihm: Sie sagen, du seiest Johannes der Täufer; andere sagen, du seiest Elia; wieder andere, du seiest einer der Propheten. Und er fragte sie: Ihr aber, wer, sagt ihr, dass ich sei? Da antwortete Petrus und sprach zu ihm: Du bist der Christus!

(Mk 8,27–29)

Wer ist Jesus Christus für dich? Die Frage Jesu an die Jünger—wer sagen die Leute, dass ich bin?—ist eine Frage, die eine Antwort erfordert. Ist Jesus ein guter Lehrer, ein Prophet, ein Retter, oder Herr aller Herren? Unsere Antwort hängt davon ab, was wir über die Identität Jesu glauben (Chan 1998, 40). Die Antwort sagt uns auch, wer wir einmal waren, wer wir jetzt sind, und wer wir in Zukunft sein werden.

Wenn wir glauben, dass Jesus lediglich ein guter Lehrer ist, dann sind unsere Handlungen meistens durch unsere abstrakten. Wir könnten uns dann genauso gut von den Zehn Geboten leiten lassen. Gesetze haben den Vorteil, klar und konkret zu sein. Die Zehn Gebote beinhalten die Sittengesetze, während andere Teile der ersten fünf Bücher der Bibel uns sowohl die Zeremonialgesetze (wie man verehrt) als auch die Fallrechtsprechung (was in besonderen Fällen zu tun ist) geben. Der abstrakte Charakter dieser Verpflichtungen bedeutet jedoch, dass ihre Erfüllung vom Engagement des Herzens abhängt. Der Verstand erkennt die Verpflichtungen zwaran, aber das Herz kann trotzdem nicht engagiert sein.

Wenn Jesus nur ein Prophet ist, dann sind unsere Handlungen durch abstrakte Erwartungen motiviert. Das Gesetz kann dann im Mittelpunkt stehen, denn die Rolle eines alttestamentlichen Propheten bestand in erster Linie darin, die Menschen an ihre gesetzlichen Verpflichtungen zu erinnern. Kopf und Herz sind jedoch nur bedingt engagiert—wir wissen nicht, ob die Prophezeiung sich bewahrheiten wird oder ob uns etwas daran liegt. Kurz gesagt, wir liegen mit uns selbst im Widerstreit und sind nicht engagiert.

Wenn Jesus nur unser Retter ist, dann sind unsere Handlungen meist durch den Akt des Empfangens motiviert. Wir schätzen die Zusage der Erlösung, rechnen aber niemals die Kosten zusammen (Lk 14,27–30). Dadurch werden wir letztendlich einfach Fans—d.h. wir haben zwar viel Begeisterung aber nur wenig Engagement. Fans wollen unterhalten sein und eine tolle Show sehen—sie wollen eine siegreiche Mannschaft. Das Apostolische Glaubensbekenntnis, das Vaterunser, und die Zehn Gebote haben wir zwar auswendig gelernt, aber wenn unser Leben unbequem oder gar schwierig wird, verflüchtigt sich unsere Entschlossenheit.

Wenn Jesus Herr aller Herren ist, dann motiviert unsere Treuepflicht unsere Handlungen. In diesem Fall reagieren wir qualitativ anders, weil sowohl unser Herz als auch unser Verstand engagiert sind. Wir wollen genauso wie Jesus sein. Wir wollen wie Jesus handeln und so wie Jesus beten; wir wollen die Lebensgeschichte Jesu erzählen. Auf einmal erscheinen uns dann das Apostolische Glaubensbekenntnis, das Vaterunser, und die Zehn Gebote als wichtige Wegweiser, die uns zeigen, wie wir beten, leben, und unseren Glauben mit anderen teilen sollen.

Jesus ist auch die perfekte Übereinstimmung zwischen Form (er ist gleichzeitig Gott und Mensch) und Inhalt (ohne Sünde). Nach hebräischer Denkweise macht diese perfekte Übereinstimmung Jesus sowohl gut als auch schön (Dyrness 2001, 81). Treue ist ein passender Charakterzug für einen Diener und ist auch ein Wesensmerkmal von Christus selbst (Phil 2,5–11). Dementsprechend können wir durch unsere Treue zu Gott an der Güte und Schönheit Christi teilhaben—hat dir in letzter Zeit mal jemand gesagt, dass du schön bist (Jes 62,5)

Die Kirche besteht aus Menschen, die eines gemeinsam haben: uns allen wurde vergeben. Jeder von uns muss den Weg des Glaubens alleine gehen, aber wir tun in Wirklichkeit keinen Schritt auf diesem Weg allein, denn Jesus geht immer mit uns. Wenn wir auf dem Weg des Glaubens bleiben, wird sich unser Verständnis von Jesus entwickeln: vom Lehrer zum Propheten zum Retter und zum Herrn aller Herren. Auf diesem Weg wird sich auch unsere Reaktion auf Erneuerung und Identität als Personen weiterentwickeln.

∞

Allmächtiger Vater, geliebter Sohn, allgegenwärtiger Geist,

Wir preisen dich dafür, dass du uns nach deinem Bild geschaffen hast, dass du an unserer Seite mit uns gehst selbst wenn wir sündigen, und dass du uns geduldig wieder in deine Gnade geholt hast. Stärke unser Verständnis für deine Identität. Mit der Kraft deines Heiligen Geistes, öffne unseren Ohren und Augen, erweiche unsere Herzen, erleuchte unseren Verstand. Forme uns immer mehr nach deinem Bild, damit wir auch wachsen können. Im edlen Namen Jesu, Amen.

∞

Fragen

1. Wer ist Jesus Christus für dich?

2. Welches ist die vorherrschenden Bilder von Jesus, die wir sehen? Wie beeinflusst unser Bild von Jesus unser Handeln?

3. Was haben alle in der Kirche gemeinsam?

4. `Wie hat sich dein Leben verändert, nachdem du zum Glauben kamst? Welche Entwicklungsstufen hast du seitdem durch gemacht? Mit welchen Hürden hast du jetzt zu kämpfen?

TAG 4: Was sollen wir tun?

> *Und Gott schuf den Menschen zu seinem Bilde, zum Bilde Gottes schuf er ihn; und schuf sie als Mann und Frau.*
>
> (1. Mose 1,27)

Haben Sie Christus in alle Aspekte Ihres Lebens aufgenommen?

Wessen Bild hängt normalerweise in Büros an der Wand? Üblicherweise hängt da doch das Bild desjenigen, der die Vision des Unternehmens prägt. Das kann der Firmengründer, der derzeitige Generaldirektor oder ein Geschäftsführersein. Warum? Das Bild erinnert uns daran, vor wir uns zu verantworten haben und worum es uns bei der Arbeit geht.

Nimm mal an, du bist der neue Manager in einem Büro und eines Tages ist dein Vorgesetzter nicht da und es tritt ein Fremder in dein Büro und stellt die Anweisungen deines Vorgesetzten infrage. Der Fremde sagt dir, dass du jetzt die Verantwortung trägst, aber du brauchst dir keinen Stress zu machen, sondern kannst eine ruhige Kugel schieben. Und weil du ja noch neu und naiv bist, erklärst du dich unabhängig, legst die Füße auf den Schreibtisch und verschläfst den ganzen Nachmittag. Was meinst du passiert, wenn dann dein Chef zurückkommt? Was würdest du dann denken, wenn dein Vorgesetzter, noch während du gefeuert und zur Tür geführt wirst, verspricht: wenn mein ältester Sohn kommt, kannst du zurückkommen und er wird dafür sorgen, dass der Fremde dich in Ruhe lässt.

Das ist im Wesentlichen die Geschichte von Adam und Eva. Die Geschichte hat drei Teile: Schöpfung mit hohen Erwartungen (angeheuert), in Versuchung geraten (gefeuert) und Versprechen der Wiedereinsetzung durch göttliche Intervention (zweite Chance).

Die Schöpfung. Genau wie die Firma ein Bild an der Wand hat, so haben wir in unseren Herzen ein Bild von Gott weil Gott uns nach seinem Bild geschaffen hat. Diese Familienähnlichkeit gibt uns Menschenwürde. Wir wurden mit großen Aussichten und einer glänzenden Zukunft geschaffen.

Der Schwerpunkt in 1. Mose 1,27 liegt darauf, dass wir zusammen mit unseren Ehepartnern nach dem Bilde Gottes geschaffen wurden. Wir wurden geschaffen, um in Familien mit einem Mann und einer Frau zu leben. Um

Missverständnissen vorzubeugen, wurden Adam und Eva gesegnet und ihnen die Verantwortung für die Erde übertragen; sie wurden mit der Mission betraut: „Seid fruchtbar und mehret euch" (1. Mose 1,28).

Der Sündenfall. Gott hat Adam und Eva den Garten Eden mit nur einer Einschränkung übergeben, die mit einer Strafe verbunden war: Esst nicht vom Baum der Erkenntnis von Gut und Böse, das wird mit dem Tod bestraft (1. Mose 2,17). Als Satan Eva überlistete, stellte er die Integrität Gottes in Frage und sagte, dass die Strafe eine Lüge war: Du wirst nicht sterben (1. Mose 3,4). Als Adam und Eva dieser Versuchung nachgaben, sündigten sie und rebellierten gegen Gott. Gott hat sie dann aus dem Garten Eden geworfen. Aus dem Garten Eden verbannt, sahen sich Adam und Eva zu einem Leben ohne die Gegenwart Gottes und zur Todesstrafe verurteilt.

Wiedereinsetzung. In dem Fluch, den Gott über Satan ausspricht prophezeit er auch das Kommen Christi. Satans usurpiertes Königreich wird von einem Nachkommen Evas gestürzt werden (1. Mose 3,15).

Was sagt uns die Geschichte von Adam und Eva über unsere Identität? Spannungen entstehen in unserem Leben, weil wir Gottes Erwartungen nicht erfüllen. Unsere Würde wurzelt darin, dass wir nach Gottes Bild geschaffen wurden. Aber dennoch sündigen wir und rebellieren gegen Gott. Die frohe Botschaft für uns ist, dass Christus, als er für unsere Sünden starb, die Herrschaft Satans in unserem Leben beendete und unsere Beziehung zu Gott so wiederherstellte, wie sie am Anfang war.

∞

Ewiger und mitfühlender Vater,

Hilfe uns, dass wir dich in allen Aspekten unseres Lebens akzeptieren. Wir danken dir, dass du uns nach deinem Bild erschaffen hast. Segne unsere Familien. Vergib uns unsere Sünden und unsere Rebellion. In der Kraft deines Heiligen Geistes gib uns die Freude der Erlösung wieder und gib uns die Kraft, aus unserer Identität in dir heraus zu handeln. In Namen Jesu, Amen.

∞

Fragen

1. Erkläre mit eigenen Worten die Geschichte von Adam und Eva.
2. Was sind die drei Teile der Geschickte?
3. Warum ist die Geschichte von Adam und Eva heute noch für uns bedeutsam?

Einführung – 21

4. Mit welchen Sünden kämpfst du jetzt?

TAG 5: Wie wissen wir überhaupt irgendetwas?

Denn alle Schrift, von Gott eingegeben,
ist nütze zur Lehre, zur Zurechtweisung,
zur Besserung, zur Erziehung in der Gerechtigkeit,
dass der Mensch Gottes vollkommen sei,
zu allem guten Werk geschickt.
(2 Tim 3,16–17)

Im Koran werden Christen als das Volk des Buches beschrieben und das Christentum als Buchreligion. Ein Teil des Grundes für diese Beschreibung könnte sein, dass das Neue Testament der erste als Buch gebundener Text war. Bücher waren billiger zu produzieren und waren leichter zu transportieren als Schriftrollen, in denen weiterhin die hebräische Bibel aufgezeichnet wurde.

Aus der Antike sind mehr neutestamentliche Texte erhalten als andere alte Manuskripte. Die Bibel war die erste Veröffentlichung, die als Kodex oder gebundenes Buch weit verbreitet war (Metzger und Ehrman 2005, 15). Laut Stone (2010, 14) existieren 5.500 teilweise oder vollständig erhaltene biblische Manuskripte und damit ist die Bibel das einzige Dokument aus der Antike von dem es mehr als ein paar Dutzend Exemplare gibt.

In seinem 367 nach Christus geschriebenen Osterbrief schlug Athanasius die siebenundzwanzig Bücher vor, aus denen heute das Neue Testament besteht, eine Auswahl, die das Konzil von Karthago im Jahre 397 bestätigte.

Was diesen Büchern gemein ist, ist dass ihre Autoren bekanntermaßen Apostel oder eng mit einem der Apostel Jesu verbunden waren. Papst Damaskus I. beauftragte Hieronymus mit der Erstellung einer maßgeblichen Übersetzung der Bibel ins Lateinische im Jahr 382 n. Chr., die allgemein als Vulgata bekannt ist (Evans 2005, 162). Die Vulgata blieb der maßgebende biblische Text für die Kirche, bis die Reformatoren in der Reformationszeit begannen, die Bibel in andere Volkssprachen zu übersetzen.

In der Reformationszeit übersetzte Martin Luther das Neue Testament 1522 ins Deutsche; die Übersetzung des Alten Testaments folgte 1532, und 1534 war die Bibel dann vollständig übersetzt (Bainton 1995, 255). Luther übersetzte 1534 auch die Apokryphen, sagte aber ausdrücklich, sie seien nicht kanonisch, nur gut zu lesen.

Luther behielt die Auswahl der siebenundzwanzig

Bücher des Neuen Testaments bei, folgte jedoch eher dem masoretischen (Hebräisches Altes Testament) und nicht der Septuaginta (Griechisches Altes Testament) bei der Auswahl der Bücher des Alten Testaments. Die Bücher, die er ausgelassen hatte, wurden später als Apokryphen bekannt. Diese Bücher unterscheiden die katholischen (mit den Apokryphen) noch immer von protestantischen Bibelübersetzungen (ohne die Apokryphen). Die folgende Liste ohne die Apokryphen stammt aus dem Bekenntnis von Westminster (1647):

ALTES TESTAMENT
Genesis, Exodus, Levitikus, Numeri, Deuteronomium, Josua, Richter, Rut, 1 Samuel, 2 Samuel, 1 Könige, 2 Könige, 1 Chronik, 2 Chronik, Esra, Nehemia, Ester, Hiob, Psalmen, Sprichwörter, Prediger (Kohelet), das Hohelied, Jesaja, Jeremia, Klagelieder, Ezechiel, Daniel, Hosea, Joel, Amos, Obadja, Jona, Micha, Nahum, Habakuk, Zefania, Haggai, Sacharja, Maleachi

NEUES TESTAMENT
Matthäus, Markus, Lukas, Johannes, Apostelgeschichte, Römer, 1 Korinther, 2 Korinther, Galater,

Epheser, Kolosser, Philipper, 1 Thessalonicher, 2 Thessalonicher, 1 Timotheus, 2 Timotheus, Titus, Philemon, Hebräer, Jakobus, 1 Petrus, 2 Petrus, 1 Johannes, 2 Johannes, 3 Johannes, Judas, Offenbarung

Bei unserem Studium der Bibel richtet sich unser Denken nach der Einstellung von Jesus zur Schrift. Jesus sagte:

Ihr sollt nicht meinen, dass ich gekommen bin, das Gesetz oder die Propheten aufzulösen; ich bin nicht gekommen aufzulösen, sondern zu erfüllen. Denn wahrlich, ich sage euch: Bis Himmel und Erde vergehen, wird nicht vergehen der kleinste Buchstabe noch ein Tüpfelchen vom Gesetz, bis es alles geschieht. (Mt 5,17–18)

Das Mosaische Gesetz beinhaltet das Gesetz (die ersten fünf Bücher der Bibel) und die Propheten (die anderen Bücher).

Das Buch, das als letztes im Alten Testament geschrieben wurde, ist wahrscheinlich das Buch Maleachi; es wurde ungefähr vierhundert Jahre vor der Geburt Christi geschrieben. Das letzte geschriebene Buch im Neuen Testament ist wahrscheinlich die Offenbarung des Johannes;

dieses Buch wurde um 90 nach Christus geschrieben.

Die Bibel ist das Werk vieler Autoren, doch inhaltlich ist sie einzigartig stimmig. Diese inhaltliche Stimmigkeit stärkt unseren Glauben, dass die Bibel vom Heiligen Geist inspiriert wurde.

∞

Himmlischer Vater,

Hauche uns deinen Lebensatem ein. Erweiche unsere Herzen, damit wir deine Worte empfangen, und stärke unseren Verstand, damit wir sie verstehen. Gib uns die Freude deines Seelenheilswieder. Im kostbaren Namen Jesu, Amen.

∞

Fragen

1. Wie alt ist die Bibel?
2. Warum wurde die Bibel zu einem Buch zusammengefasst?
3. Nach welcher Regel wurden die Bücher des Neuen Testaments zusammengestellt? Wie war das mit dem Alten Testament?
4. Was war die Einstellung von Jesus zur Bibel?
5. Warum sagen wir, dass die Bibel vom Heiligen Geist inspiriert ist?

DAS APOSTOLISCHE GLAUBENSBEKENNTNIS

Ich glaube an Gott, den Vater,
den Allmächtigen,
den Schöpfer des Himmels und der Erde.

Und an Jesus Christus,
seinen eingeborenen Sohn, unsern Herrn,
empfangen durch den Heiligen Geist,
geboren von der Jungfrau Maria,
gelitten unter Pontius Pilatus,
gekreuzigt, gestorben und begraben,
hinabgestiegen in das Reich des Todes,
am dritten Tage auferstanden von den Toten,
aufgefahren in den Himmel;
er sitzt zur Rechten Gottes,
des allmächtigen Vaters;
von dort wird er kommen,
zu richten die Lebenden und die Toten.

Ich glaube an den Heiligen Geist,
die heilige katholische Kirche,
Gemeinschaft der Heiligen,
Vergebung der Sünden,
Auferstehung der Toten
und das ewige Leben.

Amen.[1]

---

[1] Die Zitate in diesem Kapitel aus dem Glaubensbekenntnis stammen alle von: https://www.ekd.de/apostolisches-glaubensbekenntnis-10790.htm. Diese Quelle derartiger Zitate wird in den Titeln der einzelnen Andachten nicht wiederholt angegeben; stattdessen werden sie mit diesem Symbol (Ω) gekennzeichnet.

Überblick

Das Apostolische Glaubensbekenntnis ist eine Glaubensaussage zu der Frage: Wer ist Gott? Die im Glaubensbekenntnis gegebene Antwort ist, dass Gott der Vater, der Sohn und der Heilige Geist ist, der das Universum, das uns umgibt, erschaffen hat, unter uns gelebt hat, und in uns wohnt.

Das Apostolische Glaubensbekenntnis beantwortet auch die anderen drei philosophischen Fragen:

- Wer sind Wir? Wir sind Jünger Christi, die zu seinen Füssen sitzen, um von ihm zu lernen und seinem Beispiel zu folgen.
- Was sollen wir tun? Wir glauben an Gott und leben nach seinem Plan für unser Leben. Dabei lernen wir Gottes gesunde Grenzen für unser Leben kennen.
- Wie wissen wir das? Individuell und durch die Gemeinde haben wir eine direkte Beziehung zu Gott und verstehen seinen Willen für unser Leben durch die Heilige Schrift.

Anders als die Zehn Gebote und das Vaterunser fasst das Apostolische Glaubensbekenntnis die Geschichte Jesu zusammen, die im Neuen Testament als

Evangelium bezeichnet wird.

TAG 6: Was glaubst du über Gott?

Sondern das soll der Bund sein,
den ich mit dem Hause Israel schließen will
nach dieser Zeit, spricht der HERR:
Ich will mein Gesetz in ihr Herz geben
und in ihren Sinn schreiben,
und sie sollen mein Volk sein,
und ich will ihr Gott sein.
(Jer 31,33)

In meiner Arbeit als Leiter einer Jugendgruppe, habe ich einmal den Gruppenmitgliedern die Aufgabe gestellt, ein persönliches Glaubensbekenntnis zu verfassen. Diese Aufgabe hat uns einen ganzen Abend beschäftigt. Am Ende hatten die meisten der Jugendlichen ein Bekenntnis, das dem Apostolischen Glaubensbekenntnis sehr ähnlich war. Für den christlichen Glauben ist dieses Glaubensbekenntnis von grundlegender Bedeutung.

Das Apostolische Glaubensbekenntnis entstand im vierten Jahrhundert als Glaubensbekenntnis bei der Taufe (Rogers 1991, 61–62). Es hat sich zu einer Schlüsselaussage des Glaubens entwickelt, die oft auswendig gelernt und in Gottesdiensten auf der ganzen Welt rezitiert wird.

Das Glaubensbekenntnis des Apostels gliedert sich in drei Teile: Vater, Sohn und Heiliger Geist. Jeder Teil hilft uns, die jeweilige Person der Dreifaltigkeit besser zu verstehen und zu identifizieren. In seinen Aussagen zu Gott dem Vater konzentriert sich das Glaubensbekenntnis auf sein Werk als Schöpfer. Die Aussagen zum Sohn erzählen die Lebensgeschichte von Jesus Christus—Empfängnis, Geburt, Tod, Auferstehung, Himmelfahrt und Wiederkunft. In seinen Aussagen zum Heiligen Geist verbindet das Glaubensbekenntnis den Geist mit den Werken und den Schlüssellehren der Kirche.

In erster Linie erzählt uns das Apostolische Glaubensbekenntnis die Lebensgeschichte von Jesus. Andere Teile des Bekenntnisses scheinen diese Lebensgeschichte nur zu umrahmen. Das ist kein Zufall. In den vier Evangelien geht es auch hauptsächlich um das Leben Jesu. In der frühchristlichen Kirche handelten die Predigten, die in der Apostelgeschichte aufgezeichnet sind, auch oft vor allem von der Lebensgeschichte Jesu (Apg 2,1–41; 10,34–43; und 13,16–41). Im Allgemeinen geht es im Neuen Testament in erster Linie darum, die

Das Apostolische Glaubensbekenntnis – 33

Lebensgeschichte Jesu zu erzählen und seine Geschichte auf unser Leben anzuwenden.

Wann hast du das letzte Mal jemandem die Lebensgeschichte Jesu erzählt? Wie ist das Leben Jesu zu einem Vorbild für dein Leben geworden?

∞

Himmlischer Vater,
Wir loben dich dafür, dass du uns behütest und mit uns in üppigen Gärten ausruhst. Gib uns Nahrung für unsere hungrigen und durstigen Seelen, die mit Krankheit und Tod konfrontiert sind. Beschütze uns in deinen starken Armen so wie wir die Schwachen unter uns beschützen. Lass uns in Gerechtigkeit gedeihen und erfolgreich sein, hilf uns deine Liebe als Vorbilder für andere zu leben. Erbarme dich unser in all den Stürmen des Lebens, bis dass du uns nach Hause führst (Ps 23). Im Namen des Vaters, des Sohnes und des Heiligen Geistes, Amen.

∞

Fragen

1. Wenn du eine Glaubenserklärung verfassen würdest, welche Elemente sollten darin enthalten sein?

2. Was sind die drei Teile des Apostolischen Glaubens-

bekenntnis? Welches ist der längste Teil?

3.   Finde eine Predigt in der Apostelgeschichte, die die Geschichte von Jesus nacherzählt.

TAG 7: *Allmächtiger Schöpfer*

Ich glaube an Gott, den Vater, den Allmächtigen,
den Schöpfer des Himmels und der Erde Ω

Gottes Demut, die durch die Inkarnation in Jesus Christus zum Ausdruck kommt, beleuchtet seine Herrschaft über alles (Mt 21,5; 2 Kor 12,10). Wirklich mächtige Menschen kö-nnen furchtlos demütig sein—sie haben nichts zu beweisen und niemand wagt, ihre Autorität in Frage zu stellen. Die ihnen innewohnende Stärke und Selbstvertrauen machen es leicht, für sie zu arbeiten. Im Gegensatz dazu sind zweit- und drittrangige Manager häufig im Konkurrenzkampf gegeneinander um mehr Autorität und sind immer zum Angriff bereit. In Analogie dazu ist ein allmächtiger Gott großzügig und kann leicht angesprochen werden. Warum sollten wir anders sein?

Als König David schrieb „Die Himmel erzählen die Ehre Gottes, und die Feste verkündigt seiner Hände Werk" (Ps 19,1), hatte er nicht nur die Schönheit der Schöpfung im Sinn. Die ganze Ordnung des Universums weist auf die Herrlichkeit und Herrschaft Gottes hin. In allen Gebieten, die von Wissenschaftlern erforscht wurden, gelten die gleichen Gesetze der Physik. Warum sollte es nur einen Satz physikalischer Gesetze geben?

Wie David andeutet, zeugen die Ordnung und Stabilität des geschaffenen Universums von Gottes Existenz und Souveränität. Kurt Gödel, ein 1906 geborener tschechischer Mathematiker, darin Wien ausgebildet wurde und an der Princeton University unterrichtete, wurde für seinen 1931 veröffentlichten Unvollständigkeitssatz berühmt. Dieser Satz besagt, dass geschlossene logische Systeme nur dann stabil sind, wenn man mindestens eine Prämisse von außerhalb des Systems hinzunimmt.

Ein Beispiel für ein solches System in der Wirtschaft ist die Preistheorie. Die bundesdeutsche Wirtschaft verlangt einen Preis, der außerhalb dieser Wirtschaft, nämlich auf dem Weltmarkt, festgelegt wird um Preisstabilität zu gewährleisten. Im 19. Jahrhundert war dieser Preis der Goldpreis und das System wurde als Goldstandard bezeichnet. Alle Preise in der deutschen Wirtschaft konnten in Bezug auf den Goldpreis ausgedrückt werden. Heute dient der Dollar diesem Zweck.

Wenn die Schöpfung ein geschlossenes, logisches System ist (worauf die Tatsache, dass es nur einen einzigen Satz physikalischer Gesetze gibt, hindeutet) und stabil ist, muss auch sie mindestens eine externe Prämisse haben. Gott selbst erfüllt diese Prämisse (Smith 2001, 89).

Gottes Güte ist in seiner Herrschaft über alles verankert. Dafür können drei Gründe angegeben werden. Erstens entspringt Gottes Autorität unmittelbar seiner schöpferischen Arbeit (beruht also nicht auf Zwang, Täuschung oder Zufall) und ist daher legitim, rechtmäßig. Legitime Autorität ist von Natur aus gut. Existenz ist gut, daher muss die Autorität, die sie ermöglicht hat, auch gut sein. Zweitens beinhaltet Gottes Autorität als Gesetzgeberauch, dass wenn Gott sagt, die Schöpfung ist gut, dann ist sie es auch—weil Gott es sagt (1. Mose 1,10). Drittens Gottes Souveränität reduziert, praktisch gesprochen, die Unsicherheit und erhöht die Stabilität—also die Konfliktfreiheit. Stabilität ist gut.

Als Söhne und Töchter Gottes sollen wir uns in seiner Souveränität trösten, denn als Erben seines Reiches ist sein Bild auch unser Bild (1. Mose 1,27). Wir können also sicher sein, dass wir mit den Herausforderungen des Lebens umgehen können, weil Gott für uns und mit uns ist (Röm 8,28). Was für größeren Segen könnte es geben?

∞

Allmächtiger Gott,

Wir preisen dich dafür, dass du Himmel und Erde geschaffen hast; dass du alles geschaffen hast, was ist, war, oder jemals sein wird; dass du alle Dinge geschaffen hast, sichtbare und unsichtbare. Wir schauen auf die Ordnung und Schönheit deiner Schöpfung und singen ein Loblied auf dich. Gib uns Kraft für jeden neuen Tag, damit wir deine Güte in freudigem Lob auf die Menschen um uns herum scheinen lassen können. Im Namen des Vaters, des Sohnes und des Heiligen Geistes, Amen.

∞

Fragen

1. Warum ist Demut ein Zeichen der Souveränität Gottes?

2. Wie weist die Ordnung des Universums auf Gottes Existenz und Souveränität hin?

3. Wenn Gott schwach wäre, wie würde sich das auf seine Güte auswirken?

4. Wie kommen uns Gottes Autorität und Macht direkt zugute? Wieso?

TAG 8: Jesus Christus

*Ich glaube an Jesus Christus,
seinen eingeborenen Sohn,
unsern Herrn.* Ω

Namen erzählen oft eine Geschichte. Der Name Jesus Christus ist keine Ausnahme.

Wenn wir den Namen Jesus auf Englisch verwenden, transliterieren wir das Griechische des Neuen Testaments. Der Vorname von Jesus war eigentlich Josua, was auf Hebräisch „er rettet" bedeutet. Da Griechisch jedoch keinen „sh" Laut hat, konnte Josua im neutestamentlichen Griechisch nicht genau transliteriert werden. Daher haben wir den Namen Jesus vom Griechen ausgeliehen.

Josuas Rolle im Alten Testament ist lehrreich. Moses beauftragte Josua mit den folgenden Worten das Volk Israel zu führen:

Und der Herr befahl Josua, dem Sohn Nuns, und sprach: Sei getrost und unverzagt, denn du sollst die Israeliten in das Land führen, wie ich ihnen geschworen habe, und ich will mit dir sein. (5. Mose 31,23)

Der Vorname Jesus, Josua, fasst diesen Auftrag zusammen. Die Rettung die Jesus bringt entsteht jedoch nicht indem er uns in das Gelobte Land führt, sondern indem er uns in den Himmel bringt (Hebr 4,1–11). Diese Rettung wurzelt auch nicht im Gesetz, sondern in der Gnade Gottes (Phil 3,2–11).

Wenn wir Jesus Christus sagen, so ist „Christus" nicht der Nachname von Jesus. „Christus" ist die Übersetzung des hebräischen Wortes, Messias, ins Griechische und bedeutet „der Gesalbte," weil bei der Beauftragung Öl auf den Kopf des Beauftragten gegossen wurde. Priester, Propheten und Könige wurden so gesalbt. Das Neue Testament zeigt wie Jesu die Rollen dieser drei Arten von Messias erfüllt.

Die messianische Rolle Jesu wird im Buch der Hebräer hervorgehoben, in dem wir lesen:

So hat auch Christus sich nicht selbst die Ehre beigelegt, Hohepriester zu werden, sondern der, der zu ihm gesagt hat: Du bist mein Sohn, heute habe ich dich gezeugt. Wie er auch an anderer Stelle spricht: Du bist Priester in Ewigkeit nach der Ordnung Melchizedeks. (Hebr 5,5–6)

Melchizedek war der König von Salem, das später Jerusalem geheißen war, und er war auch Priester (1. Mose 14,18). Auf Hebräisch bedeutet Melchizedek

„rechtschaffener König" und einige Theologen glauben, dass das ein Titel gewesen sei, der Sem, dem rechtschaffenen Sohn Noahs, gegeben wurde (1. Mose 9,28). Zu sagen, dass Jesus ein Priester der Ordnung Melchizedeks ist, drückt die Idee aus, dass er auch ein König ist. Im Matthäusevangelium (24, 1–2) prophezeite Jesus die Zerstörung des Tempels in Jerusalem, die später im Jahr 70 nach Christus stattfand und so seine prophetische Rolle bestätigte.

Wenn wir bekennen, dass Jesus der einzige Sohn Gottes ist (Dan 7), erkennen wir die Göttlichkeit und Exklusivität von Jesus als Retter an (Joh 3,16–17). Gottes unendliche Natur stellt uns vor ein Problem, denn wir sind endlich. Nur jemand der auch göttlich ist kann die Kluft zwischen dem Unendlichen und dem Endlichen überbrücken. In Jesus Christus überbrückt Gott die Kluft, um das Gespräch mit uns zu beginnen und als Hohepriester unser Fürsprecher zu sein— ein Gnadenakt (Hebr 5,1).

∞

Himmlischer Vater,
Wir preisen dich dafür, dass du in deiner Gnade deinen Sohn, unseren Herrn und Retter, Jesus Christus, zu uns

gesandt hast. Wir preisen und ehren seinen Namen— den Namen dessen, der unser perfekter Priester, Prophet und König ist. Hilf uns in der Kraft deines Heiligen Geistes, auf seine Stimme zu hören und seinen Befehlen zu folgen. Im Namen Jesu, Amen.

∞

Fragen

1. Woher kommt der Namen, Jesus? Was bedeutet er?
2. Was bedeutet Christus? Welche drei Arten von Messias gibt es?
3. Wer ist Melchizedek und warum ist er Besonderes?
4. Warum ist die Kommunikation mit Gott schwierig? Warum ist Christi Vermittlerrolle exklusiv?

TAG 9: Heilig Empfängnis
Empfangen durch den Heiligen Geist, geboren von der Jungfrau Maria. Ω

Fühlst du dich manchmal fern von Gott? Diese Trennung ist kein Zufall. In Abwesenheit Christi bestehen zwei Lücken zwischen Gott und der Menschheit: eine Lücke im Sein (unendlich gegen endlich) und eine Lücke in der Heiligkeit. Die Empfängnis Jesu durch den Heiligen Geist (Heilige Empfängnis) ermöglicht es Jesus, beide Klüfte zu überbrücken (Mt 1,18).

Um die erste Kluft zu überbrücken, ist ein Fürsprecher notwendig, der sowohl Gott als auch Mensch ist (Hiob 19,25). Die Heilige Empfängnis überbrückt die erste Kluft und begründet die die Gottheit Christi vor seiner Geburt. Er wurde dann auf die übliche Weise geboren und konnte dann als Brücke zwischen einem unendlichen Gott und der endlichen Menschheit dienen (Hebr 2,14–17). Wie der Engel zu Maria sagte: „Denn bei Gott ist kein Ding unmöglich" (Lk 1,37).

Die Überbrückung der zweiten Kluft erfordert, dass ein Fürsprecher zwischen Menschheit und Gott ohne Sünde ist—heilig. Jesus überbrückt auch die zweite

Kluft, indem er ein sündenfreies Leben führt. Diese Arbeit beginnt schon, wenn Maria die Anfrage des Engels mit ja beantwortet (Lk 1,38) und wird dann in Jesu lebenslanger Arbeit fortgesetzt: lehren, heilen und Gott der Welt zeigen. Jesu Werk endete am Kreuz mit seinen Worten: „Es ist vollbracht" (Joh 19,30).

Die Geburt Jesu folgt dem Motiv der Erfüllung der Verheißung im alttestamentlichen Bericht. Die Prophezeiung—„Siehe, eine Jungfrau ist schwanger und wird einen Sohn gebären, den wird sie nennen Immanuel" (Jes 7,14)—erinnert uns an mehrere wundersame Schwangerschaften. Das Muster der Prophezeiung und Schwangerschaft (d.h. Verheißung dann Erfüllung) tritt erneut bei den Geburten von Isaak (1. Mose 21, 1–3), Jakob (1. Mose 25,21), dem Propheten Samuel (1 Sam 1,20) und Johannes dem Täufer (Lk 1, 5–25) auf. Im Fall von Jesus wurde jedoch die Rolle der Prophezeiung verstärkt.

Zum Beispiel wurden in Bezug auf Isaak sowohl der Zeitpunkt als auch die Mittel (wundersame Schwangerschaft) prophezeit. Für Jesus wurden das Mittel der jungfräulichen Geburt (Jes 7,14), sein Charakter (Jes 9,6), seine Rolle im Bund mit Gott (5. Mose 18,18;

Das Apostolische Glaubensbekenntnis – 45

Jer 31,33), der Geburtsort in Bethlehem (Mi 5,2) und seine Abstammung vom Hause David (2 Sam 7,12–16) alle prophezeit. Die detaillierten Erzählungen über die Geburt Jesu in den Evangelien von Matthäus und Lukas beschreiben wie bescheiden und einfach die Umstände dieser Geburt waren. Die Prophezeiungen dagegen weisen auf die das göttliche Wesen von Jesus hin.

Die Heilige Empfängnis erinnert uns auch an die absolute und schöpferische Souveränität Gottes. Als Gott Himmel und Erde erschuf (1. Mose 1,1), schuf er sie ex nihilo—aus dem Nichts (Sproul 2003, 111). Dass Jesus ex nihilo (ohne leiblichen Vater) empfangen und geboren wurde und nach dem Tod wiedererweckt wird, drückt Gottes absolute und schöpferische Souveränität aus. Damit ist auch nahegelegt, dass Gott durch Jesus Christus auch in unserem Leben aktiv gegenwärtig bleibt. Das ist eine frohe Botschaft!

∞

Gott aller Wunder,

Wir preisen dich für die Treue Marias und die wundersame Geburt Jesu, mit denen du die Kluft von Heiligkeit, Zeit und Raum zwischen uns überbrückt hast. Öffne unseren Geist für die Wunder, die wir täglich erleben, aber gedankenlos als selbstverständlich nehmen. Öffne unsere Herzen, so dass wir deinen Willen für unser Leben akzeptieren. Im Namen des Vaters, des Sohnes und des Heiligen Geistes, Amen.

∞

Fragen

1. Welche zwei Klüfte hat Jesus überbrückt, die wir selbst nicht überbrücken können?

2. Über welche wundersamen Geburten lesen wir in der Heiligen Schrift?

3. Welche Rolle spielte die Prophezeiung bei der Geburt Jesu?

TAG 10: *Leidend*

Gelitten unter Pontius Pilatus, gekreuzigt, gestorben und begraben. Ω

Warum nehmen wir das Leiden Christi am Kreuz wichtig?

Der Apostel Petrus hat es am besten ausgedrückt: „Durch seine Wunden seid ihr heil geworden" (1 Petr 2,24; Röm 5,6)

Die jüdische Obrigkeit behauptete, dass Jesus sich als ein König ausgegeben hätte, beschuldigte Jesus Aufruhr verursacht zu haben (Mk 15,2), und verurteilte ihn zum Tod am Kreuz, der damaligen Strafe für Aufruhr und Volksverhetzung (Joh 19,19). Tatsächlich war Jesus ein König (Messias) im jüdischen Sinne, aber kein König (politischer Rivale) im römischen Sinne. Aus diesem Grund kam Pontius Pilatus, der zu jener Zeit römischer Statthalter war und Jesus öffentlich vernommen hatte, zu dem Schluss: „Ich kann keine Schuld an ihm finden" (Joh 19,4).

Die Verbindung zwischen Jesus und Pontius Pilatus unterstreicht die Glaubwürdigkeit seines unschuldigen Leidens. Auch nach römischen Maßstäben war Pilatus korrupt und brutal. Pilatus ließ Jesus auspeitschen und kreuzigen, nur um die Blutgier einer Menschenmenge zu befriedigen (Josephus 2009, 3.1). Als der Apostel Paulus nur wenige Jahre später beschuldigt wurde, den Tempel entweiht zu haben, hielt ihn ein anderer Statthalter, Porcius Festus, hingegen nur zwei Jahre lang eingesperrt (Apg 24,6–27). Durch Pilatus ist Jesus interessanterweise mit einem Menschen verbunden, der Historikern auch außerhalb des biblischen Textes bekannt war. Pilatus wird nicht nur in Josephus erwähnt, sondern auch in einer Inschrift mit dem Satz „Präfekt Pontius Pilatus von Judäa", die 1961 bei der Ausgrabung eines Theaters in Caesarea gefunden wurde (Zondervan 2005, 1714).

Der Tod Jesu am Kreuz unterstreicht seine ungeheuren Leiden. Die Römer ersannen die Kreuzigung als eine Methode der Hinrichtung durch Folter; die Kreuzigung steigerte die Leiden der Folter zu einem langsamen, sehr schmerzhaften Tod. Die Kreuzigung war so schrecklich, dass das römische Gesetz die Kreuzigung römischer Bürger untersagte.

In der jüdischen Tradition bedeutete der Tod am

Kreuz, dass der Gekreuzigte von Gott verflucht (5. Mose 21,22–23) war. Das hat Paulus gemeint, als er schrieb: „Christus aber hat uns losgekauft von dem Fluch des Gesetzes, da er zum Fluch wurde für uns—denn es steht geschrieben: Verflucht ist jeder, der am Holz hängt" (Gal 3,13). Die Folgerung war nämlich, dass das begangene Verbrechen so schrecklich war, dass die Person nicht nur den Tod, sondern auch die ewige Verdammnis verdient hatte. Das Begräbnis Jesu unterstrich diese Sichtweise.

Die Beerdigung hinter einem Stein versicherte, dass Jesus wirklich tot war, wie auch der Tod von Absalom zeigt. Absalom lehnte sich gegen seinen Vater, König David, auf und stellte eine Armee auf, um ihn zu stürzen. Absalom wurde gefangen genommen, weil seine Haare sich in einem Baum verfangen hatten, und das führte zu dem Glauben, dass Absalom von Gott verflucht worden war. Davids Feldherr Joab ließ Absalom öffentlich hinrichten, in einer Grube begraben und mit Steinen bedecken (2 Sam 18,10–18).

Weil Jesus ohne Sünde war und selbst im Tod unschuldig blieb, war er der einzige Mensch ohne Sünde, der nach Adam lebte (Hebr 4,15). Im Gegensatz zu Adam gab Jesus, dessen sündenloses Leben ein abruptes Ende nahm, niemals der Versuchung nach. Im Tod war er deswegen auch ein perfektes (ohne Niederlage oder Makel) Sühneopfer (3. Mose 4,22–24). Im Sterben wurde Jesus der zweite Adam und kehrte den Fluch des Todes um, wie seine Auferstehung bestätigt (1 Kor 15,21–22).

So wie die heilige Empfängnis die Göttlichkeit Jesu und Glaubwürdigkeit Gottes bestätigt, so bestätigt das unschuldige Leiden von Jesus am Kreuz sein Menschsein und seinen Status als von Gott auserwähltes Opfer für unsere Sünden.

∞

Liebender Vater, geliebter Sohn, Heiliger Geist,
Wir preisen dich dafür, dass du dich uns in der Person Jesu von Nazareth mitgeteilt hast und in unsere Geschichte eingetreten bist. Dein stilles Leiden am Kreuz ruft deine Liebe in unsere gefallene Welt hinaus. Wir danken dir, dass du uns ein perfektes Leben vorgelebt hast, unsere Sünden am Kreuz getragen hast und uns Auferstehung und Frieden gewährst. Im Namen Jesu, Amen.

∞

Fragen

1. Woher wissen wir aus dem Apostolischen Glaubensbek-

enntnis, dass Jesus tatsächlich gelebt hat?

2. Was sind die zwei Beweise, dass Pontius Pilates (und Jesus) tatsächlich gelebt hat?

3. Wer hat die Unschuld Jesu bezeugt? Warum wurde Jesus nicht einfach freigelassen?

4. Was war die Anklage gegen Jesus? Was war die Strafe?

5. Welche Art von Hinrichtung war die Kreuzigung? Wie interpretierte die jüdische Tradition eine Kreuzigung?

6. Wie ersetzte Jesus die Strafe für die Sünde?

7. Warum sollten wir das Leiden von Jesus wichtig nehmen?

TAG 11: *Hölle*

Hinabgestiegen in das Reich des Todes. Ω

Was ist die Hölle?

Die Heilige Schrift hat viele farbenfrohe Begriffe, die mit dem Wort „Hölle" übersetzt werden können. Dazu gehören: Sheol (nur AT; 65 Verse), der Abgrund (oder bodenloser Schlund; 13), Gehenna (nur NT; 11), Hades (9), Abaddon (7) und Ort der Finsternis (1). Das von Jesus am meisten gebrauchte Wort für Hölle war Gehenna, ein Wort, das eine Schutthalde im Tal von Hinnom in der Nähe von Jerusalem bezeichnete, wo damals Müll verbrannt wurde (BDAG 1606).

Die obige Liste der Wörter für die Hölle ist jedoch unvollständig da die meisten farbenfrohen Ausdrücke, die sich auf die Hölle beziehen, eigentlich bildlich sind, also Metaphern. Zum Beispiel schreit ein Engel in Offenbarung 18,2 in der Vision des Johannes:

Sie ist gefallen, sie ist gefallen, Babylon, die Große, und ist eine Behausung der Dämonen geworden und ein Gefängnis aller unreinen Geister und ein Gefängnis aller unreinen Vögel und ein Gefängnis aller unreinen und verhassten Tiere.

Mit anderen Worten, die Hölle ist hier eine Art Gefängnis, das den Dämonen, den Sündigen und den rituell Unreinen vorbehalten ist— allerlei Kreaturen, die sich dem Himmel und Gott selbst widersetzen (Jes 7,11). Die Hölle ist für alle versiegelt, ausser für Gott (Hjob 26,6).

Es gibt auch nichtbiblische Visionen der Hölle. Zum Beispiel stellt C. S. Lewis (1973, 10–11) die Hölle als einen Ort dar, an dem sich Menschen freiwillig immer weiter voneinander wegbewegen.

Wieso ist Jesus für drei Tage in die Hölle hinabgestiegen?

In der Kultur des ersten Jahrhunderts wäre die erwartete Antwort gewesen, dass Jesus tot war und alle Toten in die Hölle gingen. Zum Beispiel lesen wir: „Denn im Tode gedenkt man deiner nicht; wer wird dir bei den Toten danken?" (Ps 6,6). Aber Jesus war ja nicht irgendein Toter!

Eine bessere Antwort ist, dass mit der Kreuzigung Gottes Souveränität über Himmel und Erde—einschließlich der Hölle—bestätigt wurde (Ps 139,8). Dies könnte zum Beispiel erklären, warum der Tod Jesu von einem Erdbeben und der Auferstehung toter Heiliger aus ihren Gräbern in Jerusalem begleitet wurde (Mt 27,51–54). Natürlich wurden später mit der Auferstehung von Jesus der Tod und die Hölle selbst gestürzt.

Die beste Antwort auf die Frage ist, dass es ein Rätsel bleibt, warum Jesus in die Hölle hinabgestiegen ist. Aber die Existenz der Hölle ist kein Geheimnis mehr—Jesus ging dorthin.

∞

Souveräner Herr,

Gott der Lebenden und der Toten. Wir danken dir, dass du uns so gut umsorgst, dass du Jesus zu unserem Nutzen in die Hölle und wieder zurückgeschickt hast. Schütze du unsere Herzen und Gedanken vor der Faszination des Bösen. Richte unseren Geist auf den Himmel aus, damit unsere Herzen jetzt und immer in dir ruhen können. Im Namen des Vaters, des Sohnes und des Heiligen Geistes, Amen.

∞

Fragen

1. Warum stieg Jesus für drei Tage in die Hölle hinab?
2. Was sind einige der Namen für die Hölle in der Bibel? Welchen hat Jesus benutzt und worauf bezieht sich

dieser Name?

3. Was ist an dem Bericht über den Tod Jesu im Matthäusevangelium einzigartig?

4. Gibt es die Hölle? Woher wissen wir das?

TAG 12: *Auferstehung*

Am dritten Tage auferstanden von den Toten. Ω

Warum sollten wir an die Auferstehung glauben? Dass die Auferstehung wahr ist wurde zum wichtigsten Bekenntnis der frühchristlichen Kirche. Im Johannesevangelium besteht der Glaube in erster Linie darin, an die Auferstehung zu glauben (Joh 20,2–29). In dem Paulus Brief an die Römer heißt es deutlich: „Denn wenn du mit deinem Munde bekennst, dass Jesus der Herr ist, und glaubst in deinem Herzen, dass ihn Gott von den Toten auferweckt hat, so wirst du gerettet" (Röm 10,9). Paulus kannte diese Wahrheit aus erster Hand, weil ihm der auferstandene Christus auf der Straße nach Damaskus erschienen ist—eine Geschichte, die dreimal in der Apostelgeschichte aufgezeichnet wurde (Apg 8,3–5; 22,6–8; 26,13–15). Pauls Bekehrung war für ihn ein so gewaltiges Erlebnis, dass er aufhörte, einer der Hauptverfolger der Christen zu sein, und einer der hingebungsvollsten Evangelisten der frühchristlichen Kirche wurde (Apg 8,3). Einmal der auferstandene Christus erschien sogar einmal vor mehr als fünfhundert Zeugen an einem

Ort (1 Kor 15,6).

Die Auferstehung hat das Leben der Apostel für immer verändert. Zehn der elf treuen Apostel starben als Märtyrer. Der Apostel Johannes war der einzige der elf treuen Jünger, der nicht als Märtyrer starb (Fox und Chadwick 2001,10). Allein, dass sie bereit waren, für ihren Glauben zu sterben, ist ein starker historischer Beweis für die Wahrheit der Auferstehung.

Die Predigt, die Petrus an Pfingsten in Jerusalem hielt, spricht sowohl von der Prophezeiung der Auferstehung als auch von den Augenzeugenberichten. Petrus zitiert diese Prophezeiung: „Denn du wirst meine Seele nicht dem Tode lassen und nicht zugeben, dass dein Heiliger die Grube sehe" (Ps 16,10); strukturell ist das eine hebräische Dublette. Der ursprüngliche Kontext des zitierten Psalms weist auf König David hin, aber Petrus, als Apostel, interpretiert den „Heiligen" so, dass er sich auch auf Jesus bezieht (Apg 2,27-31). Was Petrus als Nächstes sagt, ist am wichtigsten: „Diesen Jesus hat Gott auferweckt; des sind wir alle Zeugen" (Apg 2,32). Das Argument von Petrus war sowohl wahr als auch überzeugend, weil es mehr als dreitausend Menschen davon überzeugte, sich an jenem Tag taufen zu lassen

(Apg 2,41).

Mindestens drei Gründe motivieren uns, an die Auferstehung zu glauben. Der erste Grund wurde von Paulus angegeben: „Ist Christus aber nicht auferstanden, so ist euer Glaube nichtig, so seid ihr noch in euren Sünden" (1 Kor 15,17) Wir erhalten Vergebung von Gott nur aufgrund des vollkommenen Opfers Christi als Lamm Gottes. Der zweite Grund folgt aus dem ersten. Die Auferstehung Jesu ermöglicht unsere Auferstehung und unser ewiges Leben. Der dritte Grund ist, dass Gott in der Auferstehung bezeugte, dass Jesus der Christus ist (Apg 17,31). Der Weg von Jesus durch Leben, Tod und Auferstehung wird dann zum Muster für unseren Glauben und zur einzigen Quelle unserer Erlösung (Phil 3,10–11).

∞

Himmlischer Vater,
Wir preisen dich für das treue Beispiel, das wir in Leben, Tod und Auferstehung von Christus haben. In der Kraft deines Heiligen Geistes vertreibe unseren Zweifel, lass unseren Glauben gedeihen, heile unsere von der Sünde kranken Seelen, und gib uns Frieden. Im Namen Jesu, Amen.

Fragen

1. Was ist der Beweis für die Auferstehung?

2. Welche Beweise führte Petrus in seiner Predigt am Pfingsttag an?

3. Was war das Glaubensbekenntnis der frühchristlichen Kirche?

4. Welche Beweise haben wir aus dem Leben von Saulus?

5. Aus welchen drei Gründen ist uns die Auferstehung wichtig?

TAG 13: Himmelfahrt

Aufgefahren in den Himmel; er sitzt zur Rechten Gottes, des allmächtigen Vaters. Ω

Bei seiner Himmelfahrt gibt Jesus den Auftrag, die Kirche aufzubauen.

Die Evangelien von Markus und Lukas beschreiben die Himmelfahrt von Christus nur kurz. Zum Beispiel berichtet Markus die Himmelfahrt mit folgenden Worten: „Nachdem der Herr Jesus mit ihnen geredet hatte, wurde er aufgehoben gen Himmel und setzte sich zur Rechten Gottes." (Mk 16,19) Nach dem Lukasevangelium (24,50) befindet sich der Ort der Himmelfahrt in der Nähe von Bethanien. Das Matthäusevangelium endet nicht mit der Himmelfahrt, sondern mit dem Missionsbefehl (Mt 28,19–20), während sich das Johannesevangelium mehr auf spezifische Anweisungen an die Jünger konzentriert (z. B. Joh 21,22).

Der Schlüssel zum Verständnis der Himmelfahrt liegt in der Apostelgeschichte, die eine Parallele zwischen dem Werk Jesu und dem Werk der Jünger aufzeigt. Sowohl im Leben auf Erden als auch im Leben nach dem

Tod ist Christus unser Vorbild.

So wie Christus die Souveränität Gottes über Himmel und Hölle in seinem Tod am Kreuz bestätigt, sind die Jünger beauftragt, nach der Himmelfahrt die Souveränität Gottes über die Erde zu verkündigen. Kurz vor seinem Aufstieg in den Himmel, sagte Jesus:

Aber ihr werdet die Kraft des Heiligen Geistes empfangen, der auf euch kommen wird, und werdet meine Zeugen sein in Jerusalem und in ganz Judäa und Samaritern und bis an das Ende der Erde. (Apg 1,8)

Diese parallele Sendung kommt auch im Johannesevangelium zur Sprache: „Wie mich der Vater gesandt hat, so sende ich euch" (Joh 20,21). Eine parallele Aussage sehen wir auch im Vaterunser: „Dein Reich komme. Dein Wille geschehe wie im Himmel so auf Erden" (Mt 6,10).

In der Beschreibung der Himmelfahrt Christi finden wir auch einen der heiteren Momente in der Heiligen Schrift:

Und als er [Jesus] das gesagt hatte, wurde er vor ihren Augen emporgehoben, und eine Wolke nahm ihn auf, weg vor ihren Augen. Und als sie ihm nachsahen, wie er gen Himmel fuhr, siehe, da standen bei ihnen zwei

Männer in weißen Gewändern. Die sagten: Ihr Männer von Galiläa, was steht ihr da und seht gen Himmel? Dieser Jesus, der von euch weg gen Himmel aufgenommen wurde, wird so wiederkommen, wie ihr ihn habt gen Himmel fahren sehen. (Apg 1,9–11)

Anders gesagt, Christen dürfen ihren Kopf nicht in den Wolken haben und Löcher in die Luft starren (Lewis 2001, 134).

Was hier heiter erscheint, ist eigentlich ernst und beinhaltet eine Warnung. Jünger, die weltfremd in den Wolken schweben, werden gewarnt, dass Christus zurückkehren wird. Das könnte eine Anspielung auf das Gleichnis von den Talenten sein, in dem auch ein Urteil über träge Diener vorkommt (Mt 25,14–28).

Die Himmelfahrt verbindet uns mit dem Werk Christi im Himmel. Der Hebräerbrief beschreibt das Werk Jesu als Hohepriester im Himmel, der für uns Fürbitte einlegt (Hebr 8,1–2). Es sollte uns ein großer Trost sein, dass Jesus, den wir kennen, über uns zu Gericht sitzen wird, wenn wir vor Gottes Richterstuhl stehen werden (Apg 17,30–31). Wenn der Himmel für uns auf unserem Weg als Christen ein richtungsgebendes Ziel sein kann, ähnlich wie der Polarstern, dann ist das fortwährende Wirken Christi im Himmel wie das Herz dieses Sterns (Alcorn 2006, xi). Und Christus inspiriert die Arbeit der Kirche hier auf Erden.

∞

Allmächtiger Gott,

Wir preisen dich für die Zusicherung deiner Liebe, die wir in Jesus Christus haben. Hilf uns, deinem Beispiel zu folgen, erweiche unsere Herzen, schärfe unseren Geist und stärke unsere Hände damit wir dir dienen können. Ermächtige uns durch die Kraft deines Heiligen Geistes, treue Bewahrer der Evangeliums Geschichte zu sein. Im kostbaren Namen Jesu, Amen.

∞

Fragen

1. Wo wird die Himmelfahrt in der Schrift erwähnt und was ist der Kontext?

2. Wie hängen das Werk Christi und unser Werk zusammen?

3. Nenne ein Beispiel für biblische Heiterkeit. Was lehrt es uns?

4. Warum ist das hohepriesterliche Wirken Christi im Himmel ein Trost für uns?

TAG 14: Das Jüngste Gericht

Von dort wird er kommen, zu richten die Lebenden und die Toten. Ω

*B*ist du auf deine Abschlussprüfung vorbereitet? Als ich an der Uni unterrichtete, war meine Abschlussprüfung nie eine Überraschung für meine Studenten. In der Woche vor der Prüfung verteilte ich zehn Fragen als Hausaufgabe und kündigte an, dass fünf dieser Fragen in der Abschlussprüfung vorkommen würden. Das waren natürlich keine leichten Fragen— meine Fragen sollten schließlich meine Schüler dazu anspornen, das Material zu meistern. Die guten Schüler in meiner Klasse haben ausnahmslos Antworten auf alle zehn Fragen geschrieben und diese einfach alle am Tag der Prüfung eingereicht. Die faulen Schüler erschienen mit leeren Händen und waren nicht darauf vorbereitet, die Fragen zu beantworten.

Gottes Urteil funktioniert ein bisschen wie ein „Take-Home Exam", eine Prüfung, die die Studenten zuhause schreiben. Wir kennen die Fragen ja schon aus der Heiligen Schrift und aus unserer laufenden Beziehung zu Gott und der Kirche. Die Gebote und Lehren Jesu ist also keine Überraschung für uns.

Warum führt das Jüngste Gericht dann zu soviel Aufregung und Drama?

Eine Antwort stammt aus einer überraschen Quelle. Immanuel Kant stellte fest, dass ein böser Mensch nicht einer war, der das Böse will, sondern einer, der sich selbst heimlich vom Urteil befreit und vielleicht hofft, dass Gott nicht existiert. Kant spekulierte weiter, dass wahre Gerechtigkeit erfordert, dass unser Leben in seiner Gesamtheit untersucht wird, was nur möglich ist, wenn Auferstehung, ewiges Leben und ein unparteiischer Richter existieren. Gerechtigkeit und Verantwortlichkeit erfordern daher sowohl ewiges Leben als auch Gott (Arendt 1992, 17).

Eine andere Antwort auf die Frage nach dem Jüngsten Gericht ist, dass viele Menschen es vermeiden, Entscheidungen zu treffen, in der Hoffnung, dass sie sich der Verantwortlichkeit entziehen können. Hannah Arendt war eine deutsche Jüdin, die vor Todeslagern der Nazis nach Amerika floh und später im Auftrag der Zeitschrift New Yorker einen Bericht über den Prozess von Adolf Eichmann in Jerusalem (1961) schrieb. Eichmann war der deutsche Offizier, der Adolf Hitlers Programm zur Vernichtung der Juden organisierte, dass die Nazis „Endlösung" nannten. Arendt nahm am Prozess als Beobachterin teil und erwartete, einen hasserfüllten Antisemiten zu sehen. Sie sah aber, dass Eichmann eher ein kleiner Bürokrat war, jemand, der nicht in der Lage war, für sich selbst zu denken. Im Fall von Eichmann war das Gesicht des Bösen das eines Menschen, der nicht in der Lage oder nicht Willens war, für sich selbst zu denken (Arendt 1992, 97–101).

Warum interessiert uns die Geschichte von Hannah Arendt? Weil wir einen gerechten Richter im Himmel verehren, der erwartet, dass wir hier auf Erden gesundes Urteilsvermögen einsetzen. Wir müssen gute Verwalter der uns anvertrauten Weisheit und Erkenntnis der Wahrheit sein. Nicht zu urteilen kommt nicht in Frage—wenn wir roboterhaft leben, ohne selbst zu denken, treten wir in die Fußstapfen Adolf Eichmanns, nicht in die des Jesus Christus. Wir sind verantwortlich für die Entscheidungen, die wir treffen, und für die, die wir uns weigern zu treffen.

Wie also sieht Gottes Jüngstes Gericht aus?

Das Bild von Gott als göttlichem Richter erinnert an die Geschichte von König Salomo und den beiden Prostituierten. Beide Frauen hatten Babys, aber als ein Baby starb, stritten

Das Apostolische Glaubensbekenntnis – 67

sich die Frauen um das überlebende Kind. Salomon prüfte die Herzen der Frauen, indem er dem Kind mit dem Tod drohte. Dabei zeigten die Frauen ihre wahren Gefühle für das Kind und er konnte das Kind seiner rechtmäßigen Mutter zurückgeben (1 Kön 3,16–28).

Genau wie Salomon ist Gott ein leidenschaftlicher Richter, der die Wahrheit verfolgt und sich weigert, Lügen zu akzeptieren. Wehe der Person, die solche Tests einlädt! Dies ist vielleicht der Grund, warum das Vaterunser die Bitte enthält: „Und führe uns nicht in Versuchung, sondern erlöse uns von dem Bösen" (Mt 6,13)

∞

Allmächtiger Vater, Richter über die Lebenden und die Toten, mitfühlender Geist,
Mögen wir deinem Beispiel folgen und leidenschaftlich nach Wahrheit und Gerechtigkeit streben. Hilfe uns, unsere Herzen zu öffnen und unseren Geist zu schärfen. Gewähre uns durch die Kraft deines Heiligen Geistes mitfühlende Herzen für die Bedürftigen zu haben. Im kostbaren Namen Jesu, Amen.

∞

Fragen

1. Warum ist Gottes Urteil wie eine Prüfung, die wir

zuhause schreiben?

2. Wie ist nach Immanuel Kant ein böser Mensch?

3. Wer war Adolf Eichmann? Was war überraschend an ihm?

4. Warum müssen wir lernen, gutes Urteilsvermögen einzusetzen?

5. Was war die Geschichte von König Salomo und den beiden Frauen? Warum ist sie für uns relevant?

TAG 15: Der Heilige Geist

Ich glaube an den Heiligen Geist. Ω

Der Heilige Geist ist die dritte Person der Dreifaltigkeit und hateine Reihe von Namen und Beschreibungen in der Heiligen Schrift, zum Beispiel: der Geist des Herrn (Ri 3,10), der Geist Gottes (Mt 3,16), der Helfer oder Tröster (Joh 14,16), der Geist der Wahrheit (Joh 14,17), der Geist, der lebending macht in Christus Jesus (Röm 8,2), der Gott der Geduld und des Trostes (Röm 15,5), der Geist des lebendigen Gottes (2 Kor 3,3), der Geist der Weisheit (Eph 1,17), der Geist Jesu Christi (Phil 1,19), der ewige Geist (Hebr 9,14), der Geist der Herrlichkeit (1 Petr 4,14) und der Geist der Weissagung (Offb 19,10).

Diese Vielfalt der Bezeichnungen legt nahe, dass der Heilige Geist eine Vielzahl von Rollen spielt und dass ein mächtiger Gott immer bereit ist, uns verschiedene Geistesgaben zu schenken. Der Apostel Paulus schreibt:

Und niemand kann sagen: Jesus ist der Herr, außer durch den Heiligen Geist. Es sind verschiedene Gaben; aber es ist ein Geist. Und es sind verschiedene Ämter; aber es ist ein Herr. Und es sind verschiedene Kräfte; aber es ist ein Gott, der da wirkt alles in allen. (1 Kor 12,3–6)

Durch die Ermächtigung spiritueller Gaben ermöglicht der Heilige Geist die Einheit der Christen, weil diese Gaben das christliche Leben, die Gemeinschaft und den Missionsdienst ermöglichen.

Der Heilige Geist erscheint manchmal als ein Vogel. In der Schöpfung sehen wir zum Beispiel: „der Geist Gottes schwebte über dem Wasser" (1. Mose 1,2) Hier ist das hebräische Wort für schweben dasselbe das später einen Adler beschreibt (5. Mose 32,11). In allen vier Evangelien steigt der Heilige Geist in der Taufe auf Jesus herab wie eine Taube—ein passendes Symbol für Gottes Frieden (Mt 3,16, Mk 1,10, Lk 3,22, und Joh 1,32). Aus diesem Grund wird der Heilige Geist oft mit dem Sakrament der Taufe in Verbindung gebracht.

Im Johannesevangelium beschreibt Jesus den Heiligen Geist und sagt: „Aber der Tröster, der Heilige Geist, den mein Vater senden wird in meinem Namen, der wird euch alles lehren und euch an alles erinnern, was ich euch gesagt habe." (Joh 14,26) Das griechische Wort für Helfer ist hier transliteriert als „Paraklet", ein Wort, das auch Anwalt, Fürsprecher, und Vermittler bedeutet

(BDAG, 5591). Die verbale Form von Paraklet bedeutet auch ermutigen, trösten und ermahnen (BDAG, 5590). Im Johannesevangelium (14,26) wird der Paraklet dem Heiligen Geist gleichgesetzt.

Unsere Vorstellungen vom Heiligen Geist sind zwar oft sehr persönlich, aber der höchste Akt des Heiligen Geistes begann an Pfingsten mit der Gründung der Kirche. Wir lesen:

Und es geschah plötzlich ein Brausen vom Himmel wie von einem gewaltigen Sturm und erfüllte das ganze Haus, in dem sie saßen. Und es erschienen ihnen Zungen, zerteilt und wie von Feuer, und setzten sich auf einen jeden von ihnen, und sie wurden alle erfüllt von dem Heiligen Geist und fingen an zu predigen in anderen Sprachen, wie der Geist ihnen zu reden eingab. (Apg 2,2–4)

Das Wort für Heiliger Geist auf Hebräisch und Griechisch bedeutet sowohl Geist als auch Wind. Die Bekehrungstätigkeit und der Gottesdienst der Kirche veranschaulichen die fortwährende Bereitschaft des Heiligen

Geistes, die ganze Welt zu erreichen.

∞

Allmächtiger Vater, geliebter Sohn, Heiliger Geist,
Wir preisen dich, dass du unsere Welt erschaffen hast und immer wieder neu erschaffst. Segne die Kirche mit der fortwährenden Gegenwart und den Gaben des Heiligen Geistes, damit wir einer gefallenen Welt mit Kraft und Gnade dienen können. Und gib uns überall und immer Frieden. Im kostbaren Namen Jesu, Amen.

∞

Fragen

1. Was sind einige Namen für den Heiligen Geist? Was können wir von ihnen lernen?

2. Was ist eine vogelähnliche Form des Heiligen Geistes? Wo sehen wir diese in der Heiligen Schrift am Werk?

3. Was ist ein besonderer Name für den Heiligen Geist?

4. Welche Handlung des Heiligen Geistes ist am bekanntesten?

TAG 16: Die heilige katholische Kirche

Bedeutet dieser Satz über den Glauben an „die heilige katholische Kirche" dass wir alle römisch-katholisch sind?

Nein. Im Bekenntnis von Westminster steht: „Die katholische oder Universalkirche, die unsichtbar ist, besteht aus der gesamten Zahl der Auserwählten, die unter Christus, dem Haupt, in eins vereinigt wurden und werden oder werden sollen" (PCUSA 1999, 6.140). Die Universalkirche umfasst die Auserwählten der Kirche im Laufe der Jahrhunderte und ist insofern unsichtbar als nur Gott selbst ihre Identität kennt. Die sichtbare Kirche besteht aus denen, die von Gott gewählt wurden und denen, die nicht von Gott gewählt wurden. Jesu Gleichnis vom vierfachen Ackerfeld macht dies deutlich. Dort spricht Jesus über Weizen und Unkraut: „Laßt beides miteinander wachsen bis zur Ernte; und um die Erntezeit will ich zu den Schnittern sagen: Sammelt zuerst das Unkraut und bindet es in Bündel, damit man es verbrenne; aber den Weizen sammelt in meine Scheune." (Mt 13,30) Die Auserwählten sind heilig, ausgesondert von Gott aus Gründen, die nur Gott kennt. Katholisch (kleines „k") bedeutet, dass wir in unserer Verschiedenheit dennoch vereint sind, nicht dass wir alle römisch-katholisch sind.

Die Erwählungslehre ist eine notwendige Voraussetzung, damit die Souveränität des Gottes eine reelle Bedeutung hat. Gott hat uns geschaffen und Christus hat uns erlöst bevor wir geboren wurden, und das bedeutet, dass wir unsere Schöpfung und Erlösung nicht verdienen können (Eph 2,1–10). Dass wir für unsere Errettung völlig von Gott abhängig sind wird offensichtlich, wenn wir die Sünden in unserem Leben wirklich zugeben und darüber betrübt sind. Obwohl Adam und Eva die Neigung zur Sünde durch die Generationen hindurch an uns weitergegeben haben, sündigen wir selbst auch aktiven eigener Sache. Es ist, als hätten unsere spirituellen Vorfahren beschlossen, auf feindlichem Gebiet zu leben, und wir sind dort aufgewachsen und haben die dortige Mundart gelernt.

Anders gesagt, keiner von uns hat seine Schöpfung oder Erlösung verdient. Das Geschenk des Glaubens ist sowohl kostenfrei als auch unbezahlbar. Das Geheimnis der Auserwählung ist, dass wir nicht wissen wer gerettet wird oder warum. Jesus hat dazu nur gesagt: „Meine Schafe hören meine Stimme, und ich kenne sie und sie folgen mir" (Joh 10,27). Unsere Aufgabe ist es, die frohe Botschaft weiterzugeben, für die verlorenen Seelen zu beten und darauf zu vertrauen, dass Gott gut und gerecht ist und seine Versprechen immer einhält.

∞

Gott aller Wunder,

Wir preisen dich, dass du uns geschaffen und erlöst hast. Hilf uns über unsere Sünden zu trauern, deiner Güte zu vertrauen und uns auf deine Versprechen zu verlassen. Heile unsere Gebrochenheit; gib uns Glauben; mach uns wieder Kinder Gottes. Gewähre uns durch die Kraft deines Heiligen Geistes Geistesgaben für unsere geistliche Arbeit und gib uns die Bereitschaft, unsere Gaben zu nutzen. Im Namen Jesu, Amen.

∞

Fragen

1. Was bedeutet katholisch? Wie verhält sich dieser Begriff zur sichtbaren und unsichtbaren Kirche?
2. Wer sind die Auserwählten? In welcher Beziehung steht die Erwählungslehre zur Souveränität Gottes?
3. Was sind zwei Dinge, die wir nicht unter unserer Kontrolle haben?

4. Warum sind wir total abhängig von Gott? Welche Rolle spielt Vertrauen?

TAG 17: *Gemeinschaft der Heiligen*

Der Ausdruck „Gemeinschaft der Heiligen" bezieht sich auf zweierlei: Einheit und Heiligkeit. Gemeinschaft bedeutet Verbundenheit, und bezieht sich im christlichen Kontext insbesondere auf eine Mahlgemeinschaft—das heilige Abendmahl.

Einheit in der Heiligkeit ist heutzutage selten.

Der Garten Eden war ursprünglich ein Ideal von Frieden und Einheit. Adam, Eva und Gott waren alle in Frieden miteinander (1. Mose 2). Satan brach diese Einheit mit der Versuchung, die zur Sünde führte (1. Mose 3). Nachdem sie Eden verlassen hatte, wuchs die Zwietracht in der Familie noch weiter als Abel von seinem Bruder Kain getötet wurde. Der Unfriede wuchs dann weiter in Kains Stammlinie, was zu Lamech führte, der Polygamie einführte sowie weiteren Mord und Rachetötung. Kurz gesagt, die Sünde hat unsere Beziehung zu Gott, zu unseren Mitmenschen, zu unseren Gemeinschaften und zur Natur selbst gebrochen.

Im Gegenzug zu dieser Zerrissenheit hatten Adam und Eva einen dritten Sohn, Seth, der die Stelle von Abel als den gerechten Sohn Adams einnahm (1. Mose 4). Seth wurde nach dem Ebenbild seines Vaters Adam „gezeugt," ähnlich wie Adam nach Gottes Bild geschaffen wurde (1. Mose 5,1–3). Die gerechte Stammlinie von Seth stand immer in einem besonderen Verhältnis zu Gott und wurde so zum lebendigen Zeugen Gottes für die Welt. Lebendige Zeugen Gottes zu sein war auch wozu Abraham (1. Mose 12,2), und das Volk Israel (Jes 2,1–5) berufen waren und nach Pfingsten auch die Gemeinschaft des Neuen Bundes Jesu, die dann zur Kirche wurde (Apg 1,8).

Jesus lehrte die Einheit. Er sagte: „Daran wird jedermann erkennen, dass ihr meine Jünger seid, wenn ihr Liebe untereinander habt" (Joh 13,35) Er ermutigte die Jünger, jeweils zu zweit in seinem Dienst auszuziehen (Lk 10,1). Gemeinsamer Dienst war nicht nur eine Lehre in Evangelisierung für die Jünger, sondern auch eine in Einheit. Es überrascht daher nicht wenn wir hören, dass Jesus auf den Bericht der zweiundsiebzig Jünger mit den folgenden Worten antwortet: „Ich sah den Satan vom Himmel fallen wie ein Blitz" (Lk 10,18)

C. S. Lewis (1973, 10–11) vermittelt uns ein Bild von Uneinigkeit, wenn er die Hölle als einen Ort beschreibt, an dem sich Menschen immer weiter voneinander entfernen. Im besten Fall ist die Kirche ein Ort, an dem Menschen immer näher zusammenrücken. Laut der Tradition von Seth wurde die Kirche zu Pfingsten durch den Heiligen Geist nach dem Bilde Gottes geschaffen. Das Gemeinschaftsgefühl der Kirche nach Pfingsten ist die metaphorische Rückkehr nach Eden (Apg 2,42–45).

Der Apostel Paulus beschrieb die Einheit der Kirche indem er sie mit einem Körper und seinen Gliedern verglich: „Und wenn das Ohr spräche: Ich bin kein Auge, darum gehöre ich nicht zum Leib, gehört es deshalb etwa nicht zum Leib?" (1 Kor 12,16). Wir sind alle etwas Besonderes und unterscheiden uns dennoch in den geistlichen Gaben, die wir durch den Heiligen Geist in die Kirche bringen. Deshalb feiern wir die Gaben anderer. Denn unsere Einheit liegt in Christus und der Sendung Christi, nicht in unseren Eigenarten und Unterschieden. Die Notwendigkeit der Versöhnung ist jedoch ein Beweis dafür, dass Unterschiede zwischen uns eine Realität sind und immer noch bestehen.

∞

Liebender Vater, geliebter Sohn, barmherziger Geist, Wir preisen dich für das Beispiel der Einheit in Heiligkeit, dass du für uns bist. Sondere uns aus in Heiligkeit; bringe uns in Einigkeit zusammen. Sprone uns an, dass wir unsere Geistesgaben für das Gemeinwohl einsetzen und uns freuen, wenn andere dies auch tun. Im kostbaren Namen Jesu, Amen.

∞

Fragen

1. Was ist das ursprüngliche Bild der Einheit? Wie kam es zur Zerrissenheit?

2. Wer war Seth? Warum war im 1. Mose eine gerechte Stammlinie notwendig?

3. Was lehrte Jesus über Einheit?

4. Wie sieht C.S. Lewis die Hölle? Wie verhält sich sein Bild von der Hölle zur Kirche?

5. Wie hat der Apostel Paulus die Einheit bildlich beschrieben?

TAG 18: Vergebung der Sünden

Warum ist Vergebung ein Zeichen der Gegenwart Gottes?

Die Heilige Schrift bezeugt Gottes überwältigende Liebe für uns und seine Bereitschaft, unsere Sünden zu vergeben. Selbst nachdem Gott die Sünde von Adam und Eva entdeckt hat, verhängt er nicht sofort ein Todesurteil über sie, wie er zuvor angekündigt hatte; stattdessen stattet er sie mit Kleidern aus wie eine Mutter, die ihre Kinder auf den ersten Schultag vorbereitet (1. Mose 2,17; 3,21). Gott hat Gott hat Adam und Eva eine Strafe für die Sünde auferlegt, ihnen aber auch ein „positives Fazit" hinterlassen, damit sie aus ihrem Fehler lernen können und nicht verbittert werden (Turansky und Miller 2013, 130–131). Auf eine ähnliche Weise hat Gott Kain nach dem Mord an Abel Gnade angeboten und Kain vor Rache geschützt (1. Mose 4,15).

Die Verbindung zwischen Gottes Liebe und Vergebung ermöglicht es dem Psalmisten zu schreiben:

Lobe den HERRN, meine Seele, und vergiss nicht, was er dir Gutes getan hat: der dir alle deine Sünde vergibt und heilet alle deine Gebrechen, der dein Leben vom

Verderben erlöst, der dich krönet mit Gnade und Barmherzigkeit, (Ps 103,2–4)

Wenn also das Alte Testament Gottes Vergebung schon vielfach belegt, warum musste Jesus dann am Kreuz sterben? Ein Teil der Antwort ist, dass Gottes Vergebung für Adam, Eva und Kain unvollständig war. Auf allen drei lastete immer noch ein Fluch; alle drei waren immer noch aus der Gegenwart Gottes gebannt. Das Werk Christi am Kreuz aber war vollständig, eine neue Schöpfung, wie sie der Apostel Paulus beschreibt:

> Darum: Ist jemand in Christus, so ist er eine neue Kreatur; das Alte ist vergangen, siehe, Neues ist geworden. Aber das alles ist von Gott, der uns mit sich selber versöhnt hat durch Christus und uns das Amt gegeben, das die Versöhnung predigt. Denn Gott war in Christus und versöhnte die Welt mit ihm selber und rechnete ihnen ihre Sünden nicht zu und hat unter uns aufgerichtet das Wort von der Versöhnung. (2 Kor 5,17–19)

Christus hat uns mit Gott versöhnt, und daher sollen wir uns auch miteinander versöhnen. Bei Adam, Eva und

Kain passiert das alles aber noch nicht.

Manche Psychologen betrachten Vergebung als ein Vorgang der Umdeutung oder Neuausrichtung, ein Prozess in dem einer negativen Erfahrung eine neue Bedeutung, ein neuer Sinn, gegeben wird. Zum Beispiel konzentrierte der Psychoanalytiker Viktor Frankl, der während des Zweiten Weltkriegs in einem Konzentrationslager eingesperrt war, seine Gedanken darauf, die Vorträge vorzubereiten, die er nach dem Krieg über seine Lagererfahrung halten würde. Dadurch dass Frankl seiner Verfolgung neuen Sinn gab, konnte er das Lager überleben obwohl viele andere die Hoffnung Aufgaben und starben (Rosen 1982, 141). Eine solche Umdeutung oder Neuausrichtung geht jedoch nicht so weit wie Vergebung, weil sie sich nur auf den Einzelnen bezieht und dabei die zwischenmenschlichen Beziehungen sowie die Beziehung zwischen Menschen und Gott außer Acht lässt.

Wenn Gott uns unsere Sünden vergibt, führt das gewissermaßen zu einer Umorientierung unseres Selbstbilds vom Rebellen zum Kind Gottes. Je größer die vergebene Sünde sind, desto tiefgehender ist die Umorientierung. Vergebung befreit uns von der Verurteilung zum Tode und versöhnt uns wieder mit Gott, all denen, gegen die wir gesündigt haben und der gesamten Schöpfung. Wenn wir dann anderen vergeben, werden wir in diesem großartigen Versöhnungsprojekt Botschafter für Christus (2 Kor 5,20).

∞

Liebender Vater, geliebter Sohn, verzeihender Geist,
Wir preisen dich für deine Liebe und Vergebung. Erlöse uns von unseren Sünden, stärke unser Leben mit neuer Bedeutung. Gib uns durch die Kraft deines Heiligen Geistes neuen Status als Kinder Gottes und lass uns an deinem Werk der Versöhnung teilhaben. Im kostbaren Namen Jesu, Amen.

∞

Fragen

1. Über welche Akte der Gnade und Vergebung lesen wir in der Genesis? Inwiefern war Gottes Vergebung von Adam, Eva und Kain unvollständig?
2. Warum sind Liebe und Vergebung so eng miteinander verbunden?
3. Inwiefern war die Versöhnung Christi eine vollständigere Vergebung?

4. Wie unterscheidet sich eine Umorientierung von Vergebung?

5. Was hat Vergebung mit Todesstrafe zu tun?

TAG 19: Auferstehung des Körpers

Eine große Sorge von Amputierten ist, dass verlorene Körperteile ihre Identität auf eine Weise verkörpert haben, die sich jetzt ändern muss. Dieser Schmerz ist besonders akut, wenn das Körperteil mit einer geliebten Aktivität verbunden ist. Unser Mitgefühl gilt besonders dem Läufer, der ein Bein verliert, oder dem genialen Forscher, der an Alzheimer-Krankheit erkrankt. Unser Körper ist Teil unserer Identität.

Gott weiß, wer wir sind und fühlt unseren Schmerz—menschlich zu sein bedeutet, in Körper, Verstand, und Geist ganz zu sein.

Jesus erweckte den Sohn der Witwe aus Mitgefühl (Lk 7,13) und weinte, bevor er Lazarus von den Toten auferweckte (Joh 11,35). Wie mitfühlend wäre Jesus gewesen, wenn er den Sohn der Witwe von den Toten auferweckt hätte, nur um den Sohn als Querschnittsgelähmten weiterleben zu lassen? Oder wenn Jesus Lazarus von den Toten auferweckte, ihn aber geistig behindert gelassen hätte?

Während meiner Praktikantenzeit in meiner Ausbildung zum Geistlichen kannte ich eine liebe Frau, die wiederbelebt worden war, nachdem ihr Herz acht Minuten lang stillgestanden hatte. Die Wiederbelebung führte dazu, dass sie an Demenz litt und auf einer geschlossenen Alzheimer-Station leben musste. Ihre Familien fühlte sich deswegen schuldbeladen und innerlich zerrissen über die Entscheidung, sie wiederzubeleben.

Die Wiederbelebung hinterlässt Narben. Die Heilige Schrift berichtet, dass der Sohn der Witwe und Lazarus ohne Narben wieder gesund wurden. Folglich hat Jesus sie nicht nur wiederbelebt, sondern er schuf sie neu, wie nur Gott es kann. Meredith Kline (2006, 220–21) verwendet den Begriff „Neuschöpfung" in Bezug auf die biblische Geschichte von der Sintflut und sieht diese Idee bereits in 2 Peter 3,5–7. Mit anderen Worten, Noah war schon vor Christus ein zweiter Adam.

Auferstehung ist ein Akt der Gnade—körperliche Auferstehung vervollständigt das Mitgefühl.

Jesus ist körperlich auferstanden. Als der auferstandene Christus den Jüngern in Jerusalem erschien, bat er sie, ihm etwas zu essen zu geben. Die Jünger gaben ihm ein Stück gegrillten Fisch und er aß es (Lk 24,41–43). Darüber hinaus zeigt das Mitgefühl Christi für seine eigenen Jünger, die ihn im Stich gelassen hatten, dass Jesus in seiner Vollkommenheit nicht die tiefen emotionalen Narben hatte, die normalerweise mit dem Trauma einhergehen, das er durchgemacht hatte (Joh 21,17).

Bedenke die Alternativen. Was wäre, wenn Jesus nur geistig auferstanden wäre, wie lange würde er noch mit uns mitfühlen können? Oder wie wäre es, wenn Jesus schwere Behinderungen oder emotionale Ängste hätte? Würde er immer noch Mitleid mit uns haben können? Würden wir wirklich vor einem so vernarbten und möglicherweise rachsüchtigen Richter stehen wollen?

Die Auferstehung Christi war ein Ereignis der Neuschöpfung, nicht der Wiederbelebung. Die Auferstehung Christi gibt uns Hoffnung, weil unser Richter gesund und unversehrt ist. Er ist immer noch ein Mensch und doch hegt er keinen Groll.

∞

Gott allen Mitgefühls,
Wir preisen dich dafür, dass du dich uns in der Person des Jesu von Nazareth offenbart hast, Jesus, der im Leben als Vorbild für Sünder diente, uns im Tod von der Kraft der Sünde befreite, und uns in der Auferstehung die Hoffnung auf Herrlichkeit schenkte. Verbinde unsere

Das Apostolische Glaubensbekenntnis – 89

Wunden, heile unsere Narben, erwecke uns vom Tod. Stärke unser Bewusstsein deiner Gegenwart, damit wir auch mit unseren Mitmenschen vollständig gegenwärtig sein können. Mache uns durch die Kraft deines Heiligen Geistes zu unversehrten Menschen. Im kostbaren Namen Jesu, Amen.

∞

Fragen

1. Wie prägt unser Körper unsere Identität? Woher wissen wir, dass Gott mitfühlend ist?

2. Wie unterscheidet sich die Auferstehung von der Wiederbelebung? Was bedeutet Neuschöpfung? Warum ist die Auferstehung ein Gnadenakt?

3. Woher wissen wir, dass Jesus wirklich auferstanden ist?

4. Warum gibt uns die körperliche Auferstehung Hoffnung?

TAG 20: *Ewiges Leben*

Was ist ewiges Leben?

Unser Leben in Christus ist eine Reise, die mit Sünde und in der Endlichkeit beginnt, aber in Richtung Heiligkeit und Ewigkeit weitergeht. Zum Ziel des ewigen Lebens zu kommen erfordert sowohl geistige Wiederherstellung als auch körperliche Heilung.

Normalerweise denken wir als erstes an Gottes ewige Natur und erst in zweiter Linie an seine Heiligkeit. Dieser erste Aspekt des ewigen Lebens ist quantitativ— die Überwindung des Todes, um ewig mit Gott zu leben. Dabei denken wir jedoch verkehrt herum: der Tod ist die Strafe für die Sünde. Mit anderen Worten, Sünde verursacht den Tod. Gottes Vergebung in Christus beseitigt die Sünde, beseitigt die Todesstrafe, und ermöglicht das ewige Leben (Joh 3,36; Röm 10,9–10).

Leider führt Sünde nicht nur zur Todesstrafe; Sünde verunreinigt uns und schädigt unsere Beziehungen. Zum Beispiel beinhaltete die Bekehrung des Apostels Paulus die Vergebung Gottes, aber dass Paulus vorher (als Saulus) die Kirche verwüstet hatte wurde nicht leicht vergessen (Apg 8,3). Genauso wird dem Mörder, wenn ihm vergeben wird, seine Schuld genommen, aber das Leben, das er ausgelöscht hat, wird nicht wiederhergestellt und seine zerbrochenen Beziehungen zu anderen bleiben zerbrochen.

Folglich ist der zweite Aspekt des ewigen Lebens qualitativ— die Beseitigung der Verunreinigung der Sünde und die Versöhnung und Wiederherstellung unserer Beziehungen durch Christus. Der Apostel Johannes schreibt: „Das ist aber das ewige Leben, dass sie dich, der du allein wahrer Gott bist, und den du gesandt hast, Jesus Christus, erkennen" (Joh 17,3) Wir sind eine neue Schöpfung in Christus und mit ihm versöhnt, aber Versöhnung besteht aus zwei Teilen. Der erste Teil ist die Versöhnung mit Gott, und diese ist mit dem Werk Christi vollendet. Der zweite Teil ist die Versöhnung mit Brüdern und Schwestern, gegen die wir gesündigt haben (2 Kor 5,17–20). Dieser letzte Teil der Versöhnung, die nur mit und durch die Kraft des Heiligen Geistes vollendet werden kann, erfordert sowohl die Heiligung des Einzelnen als auch die Teilnahme der Kirche. Dies ist auch ein Bereich, auf den sich unsere spirituellen Disziplinen am produktivsten konzentrieren können.

Das ewige Leben beginnt dementsprechend mit

dem Werk Christi (Rechtfertigung und Versöhnung mit Gott), setzt sich aber im Werk der Kirche fort (Versöhnung mit denen, gegen die wir gesündigt haben). Die frohe Botschaft ist, dass in Christus und durch den Heiligen Geist Gottes Werk in uns vollendet werden wird.

∞

Heiliger und barmherziger Vater,
Wir preisen dich dafür, dass du uns nach deinem Bild geschaffen hast. Wir loben dich dafür, dass du uns das ewige Leben und deinen Sohn Jesus Christus geschenkt hast. Gib uns durch die Kraft deines Heiligen Geistes Kraft für jeden Tag. Vergib unsere Sünde; heile unsere Herzen; versöhne uns mit dir und miteinander. Im kostbaren Namen Jesu, Amen.

∞

Fragen

1. Was ist unser Lebensweg? Wie passt die Schöpfung dazu?
2. Was sind zwei Aspekte des göttlichen Bildes?
3. Was bewirkt Gottes Vergebung in Christus?
4. Welche Auswirkungen der Sünde bleiben auch nach der Vergebung?
5. Was sind zwei qualitative Teile des ewigen Lebens?

Das Apostolische Glaubensbekenntnis – 93

DAS VATERUNSER

Unser Vater im Himmel!
Dein Name werde geheiligt. Dein Reich komme. Dein Wille geschehe wie im Himmel so auf Erden. Unser tägliches Brot gib uns heute. Und vergib uns unsere Schuld, wie auch wir vergeben unsern Schuldigen. Und führe uns nicht in Versuchung, sondern erlöse uns von dem Bösen. Denn dein ist das Reich und die Kraft und die Herrlichkeit in Ewigkeit. Amen. (Mt 6,9–13)

Überblick

*D*as Vaterunser hilft, unsere Identität in Christus zu definieren und uns auf die Frage zu konzentrieren: Wer sind wir? Die Antwort, die uns das Gebet gibt, ist, dass wir Schuldner sind—Vasallen (untergeordnete Könige—Einzelheiten siehe Tag 35)—die des täglichen Brotes bedürfen und leicht in Versuchung geraten.

Das Vaterunser hilft auch die anderen drei großen philosophischen Fragen zu beantworten:

- Wer ist Gott? Er ist unser Vater, der König der Könige — der Großkönig (der Suzerän)— der im Himmel lebt.
- Was sollen wir tun? Wir preisen Gottes Namen.
- Wie wissen wir das? In der Bibel ist das Vaterunser zweimal aufgezeichnet.

Andere das Beten zu lehren ist schwierig. Unsere Gebete erwachsen aus unserem Verständnis von Theologie und wie wir sie praktizieren– d.h. aus unserer persönlichen Spiritualität (Chan 1998, 16). Wenn wir die Theologie vernachlässigen, müssen wir unser Leben mit dem Herrn in Unwissenheit bestreiten und unsere Gebete laufen dann lediglich auf Nachahmung der Gebete anderer oder Geplapper hinaus (Mt 6,7).

Das Vaterunser offenbart die Theologie von Jesus und dient uns als ein wichtiges Muster oder Beispiel für unser Gebet. Wir folgen in unserem Beten dem Beispiel von Jesus in der Hoffnung, dass wir durch Studium, persönliches Gebet und aufmerksames Gewahr werden des Wirkens des Heiligen Geistes in unserem Leben eine persönliche Theologie entwickeln können.

TAG 21: Was ist Deine Geisteshaltung im Gebet?

Und sprach: Abba, Vater, alles ist dir möglich;

nimm diesen Kelch von mir;

doch nicht, was ich will,

sondern was du willst!

(Mk 14,36)

Das Vaterunser brachte eine radikale Veränderung in die Einstellung der Jünger zum Gebet. Um zu verstehen, wie sehr sich die Geisteshaltungen ändern mussten, brauchen wir uns nur vorzustellen, wie ein Jude im ersten Jahrhundert das Gebet von Jesus verstehen würde. Im Vaterunser betreten wir, bildlich gesprochen, die Stadt Jerusalem, gehen durch rituelle Reinigung zu den Vorhöfen des Tempels, betreten das Heiligtum, und ziehen den Vorhang vor dem Allerheiligsten zurück. Vor dem Gnadenstuhl der Bundeslade legen wir dann das liturgische Gewand (Efod) des Hohepriesters (2. Mose 28) an und beginnen zu beten, nicht zu JHWH, sondern zu Papa! Also wenn das nicht eine radikale Neuheit ist!

Wenn dir diese Metapher für das Gebet weit hergeholt scheint, denke nur an die letzte Reise des Paulus nach Jerusalem. Paulus kam in der Stadt in Begleitung von Glaubensgenossen (Heiden oder Nichtjuden) an, wahrscheinlich waren es Griechen aus Korinth (1 Kor 16,3). Als er den Tempel betrat, kam es zu einem Aufstand, als Juden, die ihn in der Stadt gesehen hatten, Paulus beschuldigten, einen Nichtjuden in den Tempel gebracht zu haben. Paulus kam nur mit seinem Leben davon, weil die römischen Wachposten ihn retteten (Apg 21,26–32). Diese Geschichte unterstreicht den Punkt, dass es für einen Juden undenkbar war, dass jeder in Gottes Gegenwart eintreten konnte—besonders im Tempel—ohne angemessene Reinigung, Vorbereitung und Autorität.

Was ist deine Geisteshaltung im Gebet? Bist Du ehrfürchtig und andächtig oder leichtfertig und anmaßend, wenn Du dich Gott näherst? Obwohl der Tempelvorhang zerrissen wurde, als Christus am Kreuz starb (Mt 27,51; Mk 15,38 und Lk 23,45), ist Gott immer noch heilig und wir können uns dem Gnadenstuhl nur auf Einladung Christi nähern. Respekt vor den Grenzen Gottes ist ein wichtiger Teil der Vorbereitung zum Gebet. „Sei heilig, weil ich heilig bin" (3. Mose 11,44) sagt Gott der Herr.

∞

Allmächtiger Gott, Geliebter Sohn, Heiliger Geist, Wir danken dir, dass wir in deine Gegenwart eintreten dürfen, um zu beten und dass du in unserem täglichen Leben bei uns bist. Erleuchte unseren Geist; weihe unsere Herzen. Erleuchte unseren Geist, weihe unsere Herzen. Hilf uns füreinander und dir im Gebet vollständig präsent zu sein. Im Namen Jesu, Amen.

∞

Fragen

1. Warum war das Vaterunser für einen Juden des ersten Jahrhunderts schockierend?

2. Was waren Gottes Grenzen bei der Gestaltung des Tempels?

3. Was ist eine angemessene Geisteshaltung beim Beten? Wieso?

4. Warum ist es schwer, beten zu lernen?

5. Wieso ist das Vaterunser ein überraschend theologisches Muster?

TAG 22: *Unser Himmlischer Vater*

> *Und wenn ihr betet, sollt ihr nicht viel plappern wie die Heiden; denn sie meinen, sie werden erhört, wenn sie viele Worte machen. Darum sollt ihr ihnen nicht gleichen. Denn euer Vater weiß, was ihr bedürft, bevor ihr ihn bittet. Darum sollt ihr so beten: Unser Vater im Himmel!*
>
> (Mt 6,7–9)

Das Vaterunser beginnt mit den Worten: „Unser Vater." Wir treten vor Gott als Gemeinschaft unter einem allmächtigen Gott. Wenn wir Gott als Vater ansprechen, geht es hauptsächlich um Gottes Autorität und Herrschaft, nicht um Gottes Geschlecht. Gott ist ein gütiger Herrscher, der eine enge und vertraute Beziehung zu seinen Kindern wünscht. Er ist kein kumpelhafter oder bedürftiger Gott, der manipuliert werden kann. Vielmehr sind wir für unser tägliches Brot auf Gott angewiesen— nicht umgekehrt.

In Bezug auf menschliche Väter, die keine guten Vorbilder sind, erinnert uns die heilige Schrift daran, dass Gott ein Vater für die Vaterlosen ist (Ps 68,5), und das ist keine Floskel. Die Schrift ist hier nicht nur eine Phrase drehen. Eine Folge der Sklaverei in Ägypten und später in Babylon war die Illegitimität, die viele jüdische Kinder davon abhielt, jemals ihre Väter zu treffen. Das Wort „Waise" wird in über fünfzig Versen in der Heiligen Schrift verwendet—elfmal allein im Buch Deuteronomium. Jesus selbst versichert uns: „Ich will euch nicht als Waisen zurücklaßen; ich komme zu euch." (Joh 14,18) Die Liebe unseres himmlischen Vaters zu uns, seinen Kindern, inspiriert unsere menschlichen Väter, nicht umgekehrt.

Die christliche Spiritualität hat einen gemeinschaftlichen Charakter—es ist nicht meine individuelle Spiritualität, sondern unsere Spiritualität. Zum Beispiel werden wir bei der Taufe Gott und der Kirche vorgestellt. Im Abendmahl erinnern wir uns an unsere Taufe und feiern unseren Bund mit Gott und miteinander. Wir können es genießen, mit Gott allein zu sein und gleichzeitig die entscheidende Rolle anerkennen, die unsere Glaubensgemeinschaft bei der Gestaltung unserer Beziehung zu Gott spielt. Gleichzeitig lernen wir Gott besser kennen, dadurch dass wir einander lieben.

Der gemeinschaftliche Aspekt der vertrauten und nahen Beziehung zu Gott bedeutet auch, dass es sich bei unserer Spiritualität nicht nur um wohlige, verschwommene Gefühle handelt. Unsere Spiritualität ist keine Konsumentenspiritualität. Großartige Panoramen, großartige Musik, großartige Dichtung, großartige Architektur und großartige intellektuelle Errungenschaften weisen alle auf Gott hin, aber unsere Spiritualität ist von Natur aus beziehungsorientiert. Wir sehen Gottes Gesicht am ehesten in den Gesichtern unserer Mitmenschen.

Jesu Geschichten und Gleichnisse machen das ganz unmissverständlich klar:

Darum, wenn du deine Gabe auf dem Altar opferst und dort kommt dir in den Sinn, dass dein Bruder etwas gegen dich hat, so lass dort vor dem Altar deine Gabe und geh zuerst hin und versöhne dich mit deinem Bruder, und dann komm und opfere deine Gabe. (Mt 5,23–24)

Unsere spirituelle Identität wurzelt zugleich in einem allmächtigen Gott und in richtigen Beziehungen zu seinem Volk. Die beiden sind unzertrennlich miteinander verbunden.

Die Trinitätslehre bekräftigt diesen Punkt. Jedes Gespräch ist dreiseitig: du, ich, und Gott. Gott ist immer über uns, zwischen uns, und in uns. In seiner Erhabenheit ist Gott allmächtig und beherrscht alles. In der Inkarnation Jesu Christi teilt Gott unseren Schmerz und gibt uns ein Vorbild. In der Gegenwart des Heiligen Geistes tröstet und führt Gott uns. Wir sind in Beziehung zu Gott in drei Personen. Unsere Identität ist in Bezug auf jede dieser drei Personen der Dreifaltigkeit einzigartig und unabhängig definiert (Miner 2007, 112).

Aber, warum ist das Vaterunser an den Himmel gerichtet? Die offensichtliche Antwort ist, dass der Himmel Gottes Heimatadresse ist. Eine andere offensichtliche Antwort ist, dass der Himmel klarstellt, von welchem Vater wir sprechen!

Bedenke, dass sich fast alle Bitten im Vaterunser auf Gott und nicht auf uns beziehen. Hören wir auf Gottes Stimme? Nähern wir uns unserem allmächtigen Gott in angemessener Demut?

∞

Himmlischer Vater,

Wir danken dir, dass du uns in der Person Jesu Christi

und Person und das Wirken des Heiligen Geistes Zugang zu dir gewährst. Reiße den Stolz in uns mit der Wurzel heraus; gib uns Ohren, die dich hören; heilige unser Gebet, unser Leben und unseren Gottesdienst. Zeig uns den Weg in unserer Elternschaft und Familienbeziehungen. Im Namen Jesu, Amen.

∞

Fragen

1. Was bedeutet es, dass Gott in unserem Leben allwaltend ist?

2. Warum beschreibt die Heilige Schrift Gott als den Vater der Vaterlosen?

3. Inwiefern hat christliche Spiritualität einen sakramentalen Charakter?

4. Wie reduziert Gottes souveräne Macht das Chaos in unserem Leben?

TAG 23: *Lobe den Namen*

Darum sollt ihr so beten: Unser Vater im Himmel!

Dein Name werde geheiligt.

(Mt 6,9)

Das Vaterunser mahnt uns, den Namen Gottes gemäß dem zweiten Gebot zu ehren—du sollst den Namen des Herrn nicht missbrauchen—weil alle anderen Gebote ja darauf aufbauen (2. Mose 20,7).

Wieso sollen wir den anderen Geboten einhalten, wenn wir Gottes Namen missbrauchen?

Gott ehren hat praktische Auswirkungen, weil wir nach Gottes Bild geschaffen sind. Weil wir nach dem Bilde Gottes geschaffen sind, hat das menschliche Leben einen inneren Wert—einen Wert an sich, einen Wert, den die Ereignisse unseres Lebens nicht ändern. Weil das Leben einen inneren Wert hat, können wir Diskriminierung, Ungerechtigkeit, Missbrauch, Misshandlung von Gefangenen, Massenvernichtungswaffen, Sterbehilfe, Abtreibung, Designerbabys und eine Vielzahl anderer verabscheuungswürdiger Praktiken nicht akzeptieren. Unsere Menschenrechte—die ein Maßstab sind, der diesen inneren Wert widerspiegelt—existieren, weil wir nach dem Bild eines Heiligen Gottes geschaffen sind.

Unsere kapitalistische Gesellschaft konzentriert sich nicht auf innere Werte, sondern auf Marktwerte. Marktwerte ändern sich mit Umständen—sie sind volatil. Unsere Menschenrechte—die ein Maßstab sind, der diesen inneren Wert widerspiegelt—existieren, weil wir nach dem Bild eines Heiligen Gottes geschaffen sind. Der Perspektive der Marktwerte fehlt von Haus aus der Respekt für das Bild Gottes. Wenn Gott nicht geehrt wird, werden wir es auch nicht.

Der starke Einfluss der Marktwerte auf unser Selbstbild erklärt teilweise, warum die Depressionsraten bei Bevölkerungsgruppen—wie jungen Erwachsenen und alten Menschen—die arbeitsunfähig sind tendenziell am höchsten sind. Depressionen, Selbstmord, Angststörungen, Sucht, und Scheidungen scheinen zum Teil in Verbindung mit sich ändernden Berufsaussichten aufzutreten.

Wenn der Name Gottes entehrt wird, werden wir auch anfälliger für Götzendienst (Röm 1,21–23). Warum sollen wir den Gott der Bibel anbeten, wenn unser Einkommen und Status in der Gesellschaft mehr von unserem Familienerbe, unserer Bildung und unserer harten

Arbeit abhängen? Da laufen wir dann natürlich um so leichter zu allen möglichen Ersatzgöttern, die uns, wie Versicherungen, helfen, durch die Höhen und Tiefen des Lebens zu steuern. Oder, als Alternative können wir uns mit Besessenheit auf die Sicherheit unseres Hauses, Ehepartners und unserer Kinder konzentrieren.

Welche Tragweite es hat, den Namen Gottes zu ehren zeigt sich in der Debatte über Sterbehilfe, über das Recht zu sterben. Wenn sowohl unser Selbstbild als auch unsere Würde in der Gesellschaft zunehmend denselben Marktwerten unterliegen, werden wir uns gerade dann der Beihilfe zum Suizid übergeben, wenn wir die Unterstützung unserer Familien brauchen. Und natürlich werden Familien diese Entscheidung akzeptieren, weil wir ja sowohl finanziell als auch emotional zu einer Belastung geworden sind. Folglich ist Sterbehilfe ein Übel, das sich als Mitgefühl tarnt. Wir sind nach dem Bilde eines heiligen Gottes geschaffen, der das Leben für gut und heilig erklärt hat (1. Mose 1,31).

Gib Gott Ehre. Ehre der Name der über allen Namen steht. Du bist nach dem Bild Gottes geschaffen.

∞

Allwaltender Vater, Liebhaber unserer Seelen, mitfühlender Geist,

Heilig, heilig, heilig ist dein Name. Wir preisen dich dafür, dass du uns nach deinem Bild geschaffen hast und uns deinem Wesen nach so liebst, wie wir sind. Gib uns Augen, die andere so sehen, wie du sie siehst. Gib uns Ohren, die deine Stimme auch in dem Lärm hören, mit dem die Gesellschaft nach unserer Aufmerksamkeit heischt. Im kostbaren Namen Jesu, Amen.

∞

Fragen

1. Wie hängen Menschenwürde und Menschenrechte mit dem Ehren von Gottes Namen zusammen?
2. Was bedeutet es, nach dem Bild Gottes geschaffen zu sein?
3. Was ist der Unterschied zwischen internistischem Wert und Marktwert? Warum sollen wir das wichtig nehmen?
4. Welche Folgen hat die Entehrung Gottes?
5. Wie definierst du Götzendienst? Was hat Götzendienst mit der Ehrung des Namens Gottes zu tun?

TAG 24: Im Himmel so auf Erden

Dein Reich komme. Dein Wille geschehe wie im Himmel so auf Erden.

(Mt 6,10)

Die nächsten beiden Sätze im Gebet Jesu—„Dein Reich komme. Dein Wille geschehe wie im Himmel so auf Erden"—sind im griechischen Text ein Satz. Diese Sätze wiederholen denselben Gedanken auf unterschiedliche Weise. Zusammen drücken sie auf sehr nachdrückliche Weise die Idee aus, dass wir wollen, dass Gottes Wünsche, und nicht unsere, unser Leben beherrschen. Mit diesem Gebet verpflichten wir als Jünger uns mit Herz und Verstand radikal zur Verwirklichung des heiligen Reiches Gottes auf Erden.

Die synoptischen Evangelien beginnen mit dem Zitat des berühmten Satzes von Johannes dem Täufer: „Tut Busse, denn das Himmelreich ist nahe herbeigekommen!" (Mt 3,2) Im Matthäusevangelium führt Johannes der Täufer den Ausdruck „Himmelreich" ein, während Jesus in den Evangelien von Markus und Lukas die Worte „Reich Gottes" verwendet. Während sich der Baptist auf das Gericht konzentrierte, betonte Jesus die

Erlösung (Mt 3,10; 4,23).

Woher kommt diese auf ein Königreich bezogene Ausdrucksweise?

Diese Worte deuten hier auf eine Wiederherstellung des Gartens Eden hin. In Garten Eden sehen wir ein Bild einer Welt, die nicht von Sünde verdorben ist. Adam und Eva ruhen in Gott und haben Zugang zum Baum des Lebens. Vor dem Sündenfall gibt es keinen Tod, keinen Streit und keine Verdorbenheit. Nach dem Fall gibt es Tod, Streit, und Sünde. Das Himmelreich stellt die unverdorbene Welt von Eden wieder her. Ein Hinweis auf dieses Schöpfungsthema, das an Eden erinnert, ist das Auftreten seltsamer Verhaltensweisen von Tieren und spirituellen Wesen. In Jesaja lesen wir zum Beispiel:

Da wird der Wolf beim Lamm wohnen und der Panther beim Böcklein lagern. Kalb und Löwe werden miteinander grasen, und ein kleiner Knabe wird sie leiten. (Jes 11,6)

In den Berichten von der Geburt und Auferstehung Jesu erscheinen Engel (z.B. Lk 2,10; 24,4). Es sollte uns also nicht überraschen, dass der Baum des Lebens in der Vision des Himmels des Apostels Johannes wieder auftritt (Offb 22,2).

Was sollen wir daraus schließen? Die Wiederherstellung von Eden in Gottes neuem Reich ist ein Bild der Hoffnung. Die Auferstehung Christi hat ein neues Königreich eröffnet, das noch nicht vollständig verwirklicht ist. Wenn wir für die Ankunft dieses neuen Königreichs beten, schauen wir über den gegenwärtigen Tod, Streit und die Sünde hinaus und hoffen auf die Freude, die kommen wird.

∞

Himmlischer Vater,

Wir preisen dich für die Zukunftshoffnung und für das Geschenk der Geduld. Wir loben dich für die Vision von Eden und für das Versprechen einer neuen Schöpfung, in der die Fülle der Erlösung offenbart und alle Dinge neu gemacht werden. Denn in Christus kennen wir das Ende der Geschichte. Du bist unser Fels und unser Heil. Dir und dir allein gebührt alle Herrlichkeit. Im Namen des Vaters, des Sohnes und des Heiligen Geistes, Amen.

∞

Fragen

1. Warum spricht Jesus in der Bibel von einem Königreich und wie interpretieren wir das?

2. Welche Hinweise auf ein Schöpfungsthema haben wir in Jesaja und der Offenbarung des Johannes?

3. Was war vor und nach dem Sündenfall von Adam und Eva anders?

4. Was besagt die Ausdrucksweise von einem Königreich über die Zukunft?

TAG 25: Gottes Wille Geschehe

*Dein Reich komme. Dein Wille geschehe
wie im Himmel so auf Erden.*
(Mt 6,10)

Wer hat das Sagen in deinem Leben? Wenn Gott das Sagen in deinem Leben hat, dann willst du zur weiteren Verwirklichung des Reiches Gottes beitragen und Gottes Willen tun. Jesus behandelt sie als daßelbe. Wie schon gesagt, hebräische Dichtung reimt sich nicht, sondern verdoppelt indem jeweils der zweite Satz den ersten wiederholt, aber mit anderen Worten. Je subtiler die Verdoppelung; Je schöner die Poesie.

Um diese Verdoppelung zu sehen, stellst du dich eine Frage: Woher weißt du, dass du ein Königreich betreten hast? Was ein Königreich ausmacht, ist das dort die Erlasse des Königs befolgt werden. Jesus betet: „Dein Reich komme. Dein Wille geschehe." (Mt 6,10)

Der dritte Teil des Gebets unterstreicht die ersten beiden. Wo bittet Jesus im Gebet soll das Reich Gottes errichtet werden? Er betet, dass es ein Königreich auf Erden wie im Himmel sein wird. Wir streben danach, dass die Erde wird wie der Himmel ist.

Jakobus, der Bruder Jesu, erinnert an diese Unterscheidung in dem Kontrast, den er zwischen Glauben und Handeln aufstellt. Er schreibt einfach: „Der Glaube ohne Werke tot." (Jak 2,26) Unser Glaube mag sich zwar am Himmel orientieren, aber unsere Handlungen auf Erden müssen ihn widerspiegeln.

Hast du die subtile Mahnung an Gottes schöpferische Kraft im Gebet Jesu bemerkt? Hinweis: „Am Anfang schuf Gott Himmel und Erde." (1. Mose 1,1) Die Erde ist in der Schöpfungsordnung dem Himmel nachempfunden. Und sie wäre es immer noch, wenn die Verderbnis der Sünde nicht eingetreten wäre. Wenn wir das Vaterunser beten, bitten wir Gott, die Schöpfung wiederherzustellen und beteiligen uns tatsächlich an dieser Neuschöpfung.

Eine hebräische Dublette hat manchmal die Form eines negativen Kontrasts. Zum Beispiel lesen wir in Psalm 1: „Denn der HERR kennt den Weg der Gerechten [wird gedeihen], aber der Gottlosen Weg vergeht [nicht gedeihen]" (Ps 1,6). Ein Teil beschreibt den Segen, wenn das Gesetz befolgt wird; der andere beschreibt den Fluch

Das Vaterunser – 115

wenn das Gesetz gebrochen wird. Die Logik dieses Musters lädt uns ein, fehlende Teile selbst einzufügen.

Im Gebet des Jesus sind zwei negative Kontraste impliziert: Es ist dein Reich komme, nicht mein Reich komme. Es ist dein Wille geschehe, nicht mein Wille geschehe. Unterwerfung bedeutet, dass wir uns für Gott entscheiden, nicht für uns selbst.

∞

Himmlischer Vater, geliebter Sohn, Heiliger Geist,
Wir preisen dich für die Hoffnung auf die Auferstehung, die Inspiration des Himmels, und das Geschenk deiner Liebe in beiden. Denn wir haben gesehen, dass unsere Namen in deine Handflächen geritzt sind und schämen uns. Vergib uns unsere Sünden. Segne uns Tag und Nacht mit deiner Anwesenheit. Im Namen Jesu, Amen.

∞

Fragen

1. Wer hat in deinem Leben das Sagen?
2. Was ist eine hebräische Dublette? Auf welche Weise können Wiederholungen auftreten?
3. Wie weißt du, dass du ein neues Königreich betreten hast?

TAG 26: Gib Uns Täglich Brot

Unser tägliches Brot gib uns heute.

(Mt 6,11)

Warum bitten wir Gott um Brot und nicht um Kuchen? Als Satan Jesus in der Wüste in Versuchung führen wollte, einen Stein in Brot zu verwandeln, antwortete ihm Jesus: „Es steht geschrieben: Der Mensch lebt nicht vom Brot allein, sondern von einem jeden Wort, das aus dem Mund Gottes geht" (Mt 4,4). Jesus zitierte da die Geschichte von Gottes täglicher Bereitstellung von Manna während Israels vierzigjähriger Wanderung Jahre lang durch die Wüste. In jener Geschichte heißt es:

Er demütigte dich und ließ dich hungern und speiste dich mit Manna, das du und deine Väter nie gekannt hatten, auf dass er dir kundtäte, dass der Mensch nicht lebt vom Brot allein, sondern von allem, was aus dem Mund des HERRN geht. (5. Mose 8,3)

Es ist demütig, nur das zu erhalten, was Sie brauchen. Wie viele von uns beten nur für das Nötigste im Leben?

Der Apostel Paulus tat es. Er schrieb:

Ich sage das nicht, weil ich Mangel leide; denn ich

habe gelernt, mir genügen zu lassen, wie's mir auch geht. Ich kann niedrig sein und kann hoch sein; mir ist alles und jedes vertraut: beides, satt sein und hungern, beides, Überfluss haben und Mangel leiden; ich vermag alles durch den, der mich mächtig macht. (Phil 4,11–13)

Weil er nur um tägliches Brot bittet, ist das demütige Gebet Jesu höchst ironisch. Warum? Gottes Gegenwart ist fast immer mit Überfülle verbunden—ist also ein Kuchenmoment. Im Johannesevangelium zum Beispiel besteht das erste Wunder von Jesus darin, Wasser in Wein zu verwandeln—mehr als 100 Gallonen Wein von besserer Qualität als erwartet (Joh 2,6–10). Später füttert Jesus fünftausend Menschen mit nur ein paar Laiben Brot (Joh 6,5–14). Gott ist nicht geizig. Im Gegenteil — sein Markenzeichen ist überwältigende Großzügigkeit. Wenn wir um Kuchen bitten und das gleiche Ergebnis erzielen, dann verbirgt uns seine Großzügigkeit eigentlich Gottes Gegenwart.

Als die Israeliten hungrig und allein in der Wüste waren, versorgte Gott sie täglich mit Manna. Gottes Gegenwart und Versorgung waren für sie so bedeutsam, dass Moses Aaron einen Topf mit Manna in die Bundeslade stellen ließ (2. Mose 16,32). Im Gegensatz dazu blieb ihnen später, als sie vor dem Gelobten Land standen (ein Kuchenmoment), Gottes Gegenwart verborgen und sie kehrten für weitere vierzig Jahre in die Wildnis zurück (4. Mose 13).

Aber die Bitte von Jesus um Brot deutet noch auf eine weitere Ironie hin. Jesus wurde in Bethlehem geboren. Das hebräische Wort „Beth-Lehem" bedeutet: Brot-Haus. Weil das hebräische Wort „Lehem" auch Lebensmittel bedeuten kann, hat Jesus vielleicht einfach gemeint, dass wir Gott bitten sollen, uns die Nahrung für den jeweiligen Tag zu geben.

∞

Gnädiger Gott,
Gib uns die Demut für unsere täglichen Bedürfnisse zu beten. Begleite uns bei jedem Schritt. Hilf uns, in allen Umständen zufrieden zu sein und deine Anwesenheit auch im Überfluss zu erkennen. Mögen wir deinem Beispiel folgen und großzügig mit unseren Mitmenschen umgehen. Im Namen des Vaters, des Sohnes und des Heiligen Geistes, Amen.

Fragen

1. Wie hat Satan Jesus in der Wüste versucht, Jesus in Versuchung zu führen? Welche anderen Versuchungen mit Nahrungsmitteln fallen dir ein? (Hinweis: 1. Mose 3; 25,29–34)

2. Warum war die Empfehlung von Jesus, dass wir um unser tägliches Brot beten sollen, ironisch?

3. Wie hat Paulus es geschafft, zufrieden zu bleiben?

4. Wie können wir Gottes Gegenwart erkennen? Was ist Gottes Markenzeichen?

5. Betest du um Brot oder Kuchen? Was ist ein Beispiel für einen Kuchenmoment in deinem Leben?

TAG 27: Du Vergibst; Wir Vergeben

Und vergib uns unsere Schuld,

wie auch wir vergeben unseren Schuldigen.

(Mt 6,12)

Warum sollen wir vergeben? Warum sollen wir verzeihen?

Die einfache Antwort ist, dass wir vergeben sollen, weil Jesus uns gesagt hat, wir sollen. Jesus gibt unmittelbar nach dem Vaterunser eine starke Erklärung zur Vergebung ab:

Denn wenn ihr den Menschen ihre Verfehlungen vergebt, so wird euch euer himmlischer Vater auch vergeben. Wenn ihr aber den Menschen nicht vergebt, so wird euch euer Vater eure Verfehlungen auch nicht vergeben. (Mt 6,14–15)

Die Argumentation hier ist klar—wir sollen den Menschen vergeben, weil Gott uns vergeben hat. Das griechische Wort für Vergebung bedeutet „Loslassen."

Der Apostel Petrus hat unsere Verpflichtung zur Vergebung klargestellt, als er fragte: „Herr, wie oft muss ich denn meinem Bruder, der an mir sündigt, vergeben? Ist's genug siebenmal? Jesus sprach zu ihm: Ich sage dir:

Das Vaterunser – 121

nicht siebenmal, sondern siebzigmal siebenmal." (Mt 18,21–22) Dies ist eine willkürlich große Zahl, die zum Kontext der Frage von Petrus passt. Jesus erzählt dann das Gleichnis vom Diener, der nicht verzeiht (Mt 18,23–35). Worauf es bei dem Gleichnis ankommt, ist das Vergebung Geduld, Heilung und Erlösung fördert.

Vergebung verhilft uns zu Geduld. Mit kleinen Kindern oder mit Alzheimer-Patienten zu arbeiten, heißt auch immer wieder dieselben Fragen zu beantworten oder mit Verhalten umzugehen, dass uns stört und auf die Nerven geht. Viele von uns müssen oft unsere Kinder und unsere Eltern versorgen, während wir uns gleichzeitig auch um andere Verantwortlichkeiten kümmern müssen— einschließlich unserer eigenen Erschöpfung. Wenn wir Menschen mit besonderen Bedürfnissen vergeben können, warum ist es dann so schwer, normalen Menschen zu vergeben, die uns nur auf die Nerven gehen? „Sehen wir sie als Personen, für die Christus gestorben ist, oder als Personen, die unser Leben schwer machen?" (Bridges 1996, 46). Ein Leben, in dem wir nichts zu bereuen haben, beginnt mit Vergebung.

Vergebung heilt. Zum Beispiel bricht Vergebung

das auf, was Psychiater zwanghaftes Grübeln nennen. Extreme Formen des Grübelns treten zum Beispiel auf, wenn ein Patient jahrelang dauernd zwanghaft über stressige oder eingebildete Ereignisse aus der Vergangenheit nachgrübelt. So aufgeblasen lenkt Wiederkäuen den Patienten von der normalen emotionalen Entwicklung ab und schädigt damit die Beziehungen.

Weil wir alle mehr oder weniger grübeln, heilt Vergebung, indem sie uns hilft, uns wieder auf die täglichen Herausforderungen des Lebens zu konzentrieren und nicht auf Phantome aus der Vergangenheit. Vergebung ist eine der vier von Francis MacNutt (2009, 130) zitierten Arten der Heilung (Vergebung, emotionaler Schmerz, körperliche Heilung und Befreiung von spiritueller Unterdrückung).

Vergebung ist erlösend. Die Geschichte von Stephanus, dem ersten christlichen Märtyrer, stellt ein typisches Beispiel dar. Kurz bevor er starb, betete Stephanus: „Herr, rechne ihnen diese Sünde nicht an!" (Apg 7,60) Saulus aus Taurus war dabei und billigte die Steinigung von Stephanus. Saulus, den wir als Paulus besser kennen, traf später den auferstandenen Christus auf dem Weg nach Damaskus, wurde getauft und wurde ein großer Prediger der Kirche. Aber Paul vergaß den erstaunlichen Liebesakt des Stephanus nie und verband Stephanus mit der Geschichte seiner eigenen Berufung (Apg 22,20). Waren Leben und Wirken von Paulus eine Antwort auf das Gebet von Stephanus?

Vergebung ist so radikal, so selten, so erlösend, dass sie Gottes Gegenwart unter uns offenbart.

∞

Gott allen Mitgefühls,

Du bist das Alpha und das Omega, der Anfang und das Ende. Wir preisen dir für deinen Beispiel der Demut. Wir danken dir für dein Opfer. Hilf uns, unsere Sünden zu bekennen und denen zu vergeben, die gegen uns sündigen. Durch die Kraft deines Heiligen Geistes, öffne unsere Herzen, erleuchte unseren Geist, und stärke unsere Hände zu deinem Dienst. Im Namen Jesu, Amen.

∞

Fragen

1. Was lehrt uns Jesus, nachdem er das Vaterunser gelehrt hat? Warum ist das wichtig?
2. Welche Frage stellt der Apostel Petrus an Jesus?
3. Was können wir von Kindern, Alzheimer-Patienten

und anderen Menschen, die uns auf die Nerven gehen, über Vergebung lernen?

4. Wie kann Vergebung heilen und erlösend sein?

TAG 28: Versuchung und Böses

Und führe uns nicht in Versuchung,

sondern erlöse uns von dem Bösen.

(Mt 6,13)

Macht dir Satan manchmal Sorgen? Satans Rolle, uns in Versuchung zu führen und das Böse in der Welt zu fördern, wird in Heiligen Schrift durchgängig erwähnt.

In der biblischen Geschichte vom Garten Eden wird Satan als eine Schlange dargestellt, die sich gegen Gott auflehnt und andere zur Sünde verführt, indem sie sie anstiftet mit ihr gegen Gott zu rebellieren (Kline 2006, 302). Gott rät Kain später, gut zu sein, denn sonst schlägt die Sünde wie eine Schlange vor deiner Tür (1. Mose 4,7).

Ein weiteres wichtiges Bild von Satan ist in Hiob 1 zu sehen, wo Satan als rücksichtsloser Anklagevertreter vor Gottes Gerichtshof dargestellt wird. Satans grausame Lügen verleumden den gerechten Hiob. Dennoch kann Satan Hiob nicht plagen, ohne vorher Gottes Erlaubnis einzuholen (Hiob 1,6–12). Trotz Satans Grausamkeit bleibt Hjob treu. Am Ende spricht Gott ihn nicht nur von allen Anklagen Satans frei, sondern entschädigt Hiob auch für seine Verluste (Hiob 42,10).

In den synoptischen Evangelien führt der Heilige Geist Jesus in die Wüste und dort führt der Teufel ihn in Versuchung (z. B. Lk 4,1–13). Ähnlich wie der Teufel Adam und Eva mit dem Apfel in Versuchung geführt hat, versucht er den hungrigen Jesus dazu anzustacheln, einen Stein in Brot zu verwandeln. Der Teufel versucht dreimal Jesus in Versuchung zu führen. In seiner Antwort auf jede der Versuchungen zitiert Jesus die Heilige Schrift. Satan beginnt die letzte Versuchung Jesu mit einem falschen Zitat aus der Heiligen Schrift, aber Jesus korrigiert die Täuschung und widersteht der Versuchung. Der niederländische Theologe Nouwen hat diese (2002, 7–8) Herausforderungen als Versuchungen beschrieben, relevant zu sein (Nahrung bereitzustellen), spektakulär zu sein (Göttlichkeit zu zeigen) und mächtig zu sein (Verantwortung zu übernehmen).

Ganz wie Hiob und gar nicht wie Adam bleibt Jesus dem Willen Gottes im Leben und im Tod treu. Der Tod Jesu am Kreuz erfüllt dann die Prophezeiung der Niederlage Satans (1. Mose 3,15) und zahlt die Strafe für die Sünde—wir werden erlöst. Weil der Fluch der Sünde gebrochen ist, wurde die Todesstrafe für die Sünde aufgehoben (1 Kor 15,22). Demnach beweist die Auferstehung, dass wir mit Gott versöhnt wurden.

Im Vaterunser bittet Jesus uns zu beten, dass wir nicht in Versuchung geführt werden und dass wir vom Bösen erlöst werden. Weil Satan um Erlaubnis bitten muss, ehe er uns in Versuchung führen kann, kann Gott diese Bitte ablehnen und unsere Erlösung liegt in seiner Macht. König David schreibt: „Bewahre mich, Gott; denn ich traue auf dich." (Ps 16,1). Jesus hat uns versprochen, dass unser Heil sicher ist, wenn wir uns in unserer Schwäche an ihn wenden (Joh 10,29).

∞

Allmächtiger Vater,

Wir preisen dich dafür, dass du Himmel und Erde geschaffen hast; und alles erschaffen hast, was ist, war oder jemals sein wird, dafür, dass du alle sichtbaren und unsichtbaren Dinge erschaffen hast. Wir schauen deine Schöpfung an und loben deinen Namen. Beschütze uns mit deinen Händen: Versiegele unsere Herzen, stärke unseren Geist und schütze unseren Körper vor allem Bösen. Mögen wir uns in unserer Stunde der Schwäche immer nur an dich wenden. Im Namen des Vaters, des Sohnes, und des Heiligen Geistes, Amen.

∞

Fragen

1. Welche Rolle spielt Satan in der Schöpfungs- und Sündenfallgeschichte in Genesis? Wie ist es mit dem Buch Hiob und dem Lukasevangelium?

2. Was ist das Bild der Sünde in 1. Mose 4?

3. Was ist die erste Versuchung Christi in der Wüste? Wie reagiert Jesus darauf?

4. Wie sollen wir auf Versuchung und das Böse reagieren? Welche Rolle spielt das Gebet dabei?

TAG 29: Doxologie (Lobpreisung)

> *Und führe uns nicht in Versuchung,*
> *sondern erlöse uns von dem Bösen.*
> *[Denn dein ist das Reich und die Kraft*
> *und die Herrlichkeit in Ewigkeit. Amen.]*
>
> (Mt 6,13)

Neuere Bibelübersetzungen lassen die Doxologie weg: „Denn dein ist das Reich und die Kraft und die Herrlichkeit in Ewigkeit. Amen" oder setzen sie wie oben in Klammern. Warum?

Jesus gab den Jüngern das Vaterunser nicht als Pflichtgebet, sondern um sie zu lehren, wie sie beten sollen. Dreimal wiederholt Jesus—mehr oder weniger—den Satz: „Wenn du aber betest" (Mt 6,5–7). Dann sagt er nur: „Darum sollt ihr so beten" (Mt 6,9). Jesus bietet ein Gebetsmuster an, das je nach Bedarf angepasst werden kann. Die frühe Kirche liebte dieses Gebet und nahm diesen Rat ernst. Die häufigste Ergänzung war das Hinzufügen einer Doxologie und des Wortes „Amen", was „so sei es"bedeutet. Folglich war dieser Zusatz nicht Teil der frühesten Manuskripte, obwohl viele Kirchen ihn heute noch verwenden.

Bis zu der Zeit als die Reformatoren im fünfzehn Jahrhundert begannen, die griechischen Originaltexte zu untersuchen, war seit tausend Jahren fast ausschließlich die lateinische Bibelübersetzung des Heiligen Hieronymus verwendet worden. Die in den örtlichen Bibliotheken unmittelbar verfügbaren Manuskripte des griechischen Neuen Testaments wurden dann zusammengestellt und ins Englische, Deutsche, Französische und andere europäische Sprachen übersetzt. Viel später jedoch, als Gelehrte begannen, die Tausende von griechischen Manuskripten zu vergleichen, die in den Kirchen und Bibliotheken der Welt vorhanden waren, wurde ihnen bewusst, dass nicht alle Manuskripte gleich alt waren. Neuere Bibelübersetzungen konzentrieren sich auf die älteren unter den Manuskripten (Metzger und Ehrman 2005).

In den älteren Manuskripten sind die Doxologie und das Amen ausgelassen. Deshalb enthalten Übersetzungen der Bibel, die vor dieser Entdeckung gemacht wurden, die Doxologie und das Amen, aber neuere Übersetzungen nicht. Hugenberger (1999, 55) stellt fest, dass die Doxologie, die wir kennen, eine längere Doxologie abkürzt, die in 1 Chronik 29, 11–13 zu finden ist.

Das Wort „Doxologie" ist vom griechischen Wort „doxa" abgeleitet, was bedeutet: „Der Zustand hell oder strahlend zu sein, Helligkeit, Pracht, Ausstrahlung" (BDAG 2077, 1). „Amen" ist ein hebräisches Wort, das Jesus selbst zugeschrieben wird und das „wirklich" bedeutet. Wenn Jesus sagt: „Wahrlich, wahrlich, ich sage euch" (Joh 1,51), lautet der griechische Text—Amen, Amen—was im Griechischen aus dem Hebräischen transliteriert ist.

Persönliches Gebet ist eine christliche Besonderheit. Jesus lehrte uns, wie man betet, nicht genau was man betet. Er möchte, dass wir als Glaubensgemeinschaft zu ihm kommen, aber er möchte auch, dass wir als Individuen an ihn herantreten. Persönliches Gebet ist eine christliche Besonderheit.

∞

Himmlischer Vater, geliebter Sohn, Heiliger Geist, Danke, dass du uns das Beten gelehrt hast. Sei bei uns, wenn wir neue Schritte auf unserem Weg des Glaubens unternehmen. Öffne unseren Geist so wie du auch unsere

Herzen geöffnet hast. Im Namen Jesu, Amen.

∞

Fragen

1. Was ist der Unterschied zwischen einem Muster oder einer Vorlage für ein Gebet und einem Pflichtgebet?

2. Wie wurde die Übersetzung der Bibel durch die Entdeckung älterer griechischer Manuskripte beeinflusst?

3. Wie bekräftigen wir unseren Glauben?

DIE ZEHN GEBOTE

Wohl dem, der nicht wandelt im Rat der Gottlosen

noch tritt auf den Weg der Sünder noch sitzt,

wo die Spötter sitzen, sondern hat

Lust am Gesetz des HERRN

und sinnt über seinem Gesetz Tag und Nacht!

(Ps 1,1–2)

Du sollst keine anderen Götter haben neben mir.
Du sollst dir kein Bildnis noch irgendein Gleichnis machen.
Du sollst den Namen des HERRN, deines Gottes, nicht missbrauchen.
Gedenke des Sabbattages, dass du ihn heiligst.
Du sollst deinen Vater und deine Mutter ehren.
Du sollst nicht töten.
Du sollst nicht ehebrechen.
Du sollst nicht stehlen.
Du sollst nicht falsch Zeugnis reden wider deinen Nächsten.
Du sollst nicht begehren. (2. Mose 20,3–17)

Überblick

Gott, die das Bündnis mit Gott annehmen und nach seinen Gesetzen leben.

Wie wissen wir das? Die Zehn Gebote sind in der Heiligen Schrift aufgezeichnet und erklärt.

Das Gesetz wird oft als im Gegenteil von Gnade angesehen, und die Rolle der Zehn Gebote bei der Beantwortung der Frage, was wir tun sollen, ist ja manchmal verwirrend. Jesus sagte, dass die Liebe zum Nächsten und zu Gott das Gesetz und die Propheten zusammenfasse (Mt 22,36–40). Warum brauche ich dann das Gesetz? Bin ich nicht unter der Gnade vom Gesetz befreit?

Der Apostel Paulus gab die direkteste Antwort auf diese Frage. Unsere Freiheit in Christus ist die Freiheit, unsere Mitmenschen wie uns selbst zu lieben (Gal 5,13–14). Wenn wir diese Aussage von Paulus ernst nehmen, glaubst du, dass unsere Mitmenschen das merken werden? Wenn Zeit und Geld im Spiel sind, meinst du, dass unsere Ehepartner und Kinder das merken werden?

Die Zehn Gebote erinnern uns daran, wie Liebe aus Gottes Perspektive aussieht, nicht aus unserer. Gott schuf eine Gemeinschaft von Individuen—nicht nur du oder ich—nach seinem Bild. Wenn Gott meine Mitmenschen geschaffen hat und liebt, kann ich sie vielleicht auch lieben lernen. Gottes Liebe bedeutet, unsere Eltern zu ehren; Liebe heißt nicht morden . . .

Wir brauchen Erinnerungen; wir brauchen klare Grenzen. Mit den Zehn Geboten stellt Gott uns beides gnädig zur Verfügung.

TAG 30: Die Zehn Gebote

> *Und Gott redete alle diese Worte: Ich bin der HERR, dein Gott, der ich dich aus Ägyptenland, aus der Knechtschaft, geführt habe.*
>
> (2. Mose 20,1–2)

Warum müssen wir als Christen die Zehn Gebote kennen? Die kurze Antwort ist, weil Jesus das gesagt hat (Mt 5,18). Der Reformator John Calvin bekräftigte diesen Punkt und sagte, dass das Gesetz drei Hauptziele habe: uns Gottes Willen zu lehren, die Zivilgesellschaft zu unterstützen, und uns in unserem täglichen Leben zu leiten (Haas 2006, 100).

Dennoch haben wir als postmoderne Menschen Verachtung für das Gesetz. Wir leben ein undiszipliniertes Leben, ignorieren ausgeschriebene Geschwindigkeitsbegrenzungen, und mogeln bei unseren Steuererklärungen. Wir wollen unabhängig sein und Kontrolle über unser Leben haben. Wir wollen, dass niemand, nicht einmal Gott, uns sagt, was wir tun sollen. Die Zehn Gebote erinnern uns daran, dass wir immer noch rebellische Söhne und Töchter von Adam und Eva sind.

Unsere Rebellion gegen Gott heißt Sünde. Sünde hat mindestens drei Formen: Erwartungen nicht erfüllen (Sünde), ein Gesetz brechen (Übertretung) und nicht tun, was wir tun sollten (Missetat oder Widerrechtlichkeit). Ich sündige, wenn ich versuche, Gott von ganzem Herzen, von ganzer Seele und von ganzem Verstand zu lieben, aber dies nicht konsequent tue. Ich verstoße gegen das Gesetz, wenn ich jemanden ermorde. Ich begehe eine Missetat, wenn ich meine Eltern in ihrem Alter ignoriere (nicht ehre) und ihre Pflege meinen Geschwistern überlasse, und mich weigere ihnen zu helfen obwohl ich helfen könnte. Obwohl diese drei Wörter oft synonym verwendet werden, sind die Unterscheidungen nützlich.

In unserer Rebellion ist uns das Gesetz als ein Gnadenakt gegeben, der uns den Weg zurück zu Gott weist. Die Zehn Gebote können als gesunde Grenzen Gottes für das Leben in der christlichen Gemeinschaft und als Vorbild für die Welt angesehen werden.

Was also wäre es wichtig, über die Zehn Gebote zu wissen?

Die Bibel sagt uns, dass Gott der Herr der Herren ist und seine Beziehung zu uns durch Bündnisse definiert. Ein Bund ist ein Vertrag oder eine Vereinbarung, in der die Aufgaben und Pflichten des Herrschers gegenüber den Regierten dargelegt sind. Die Bibel beschreibt Bündnisse mit Adam, Noah, Abraham, Moses und David, und dann den neuen Bund mit Christus. Die Zehn Gebote sind Teil des Bundes mit Moses.

Jeremia prophezeite das Kommen eines neuen Bundes, der in unsere Herzen geschrieben werden würde (Jer 31,30–31). Das Matthäusevangelium beschreibt diesen neuen Bund mit fünf ausdrücklichen Geboten, die Jesus gegeben hat: Mt 5,17–20; 17,9; 19,16–21; 22,36–40; 28,18–20. Zwei davon wurden bereits erwähnt: Befolge du das Gesetz (Mt 5,17–20) und das doppelte Liebesgebot (Gott lieben; Nächsten lieben in Matthäus 22,36–40).

Warum müssen Christen die Zehn Gebote verstehen? Die Zehn Gebote helfen uns zu verstehen, was es bedeutet, Gottes Volk zu sein und das Gebot Christi zu befolgen, dem Gesetz zu gehorchen.

∞

Allmächtiger Vater, geliebter Sohn, Heiliger Geist,
Segne uns, damit wir deine Gesetze in unsere Herzen aufnehmen und sie in unserem täglichen Leben befolgen.

Mögen Sünde und Böses uns nicht anziehen. Mögen unsere Freunde Gerechtigkeit üben und mögen wir ihrem Beispiel folgen. Führe uns mit Liedern der Gerechtigkeit und heiligen Gebeten (Ps 1,1–2). Hilf uns deine heiligen Grenzen zu respektieren und einzuhalten und die Sünde aus unserem Leben zu bannen. Dir und dir allein gebührt alle Herrlichkeit. Amen.

∞

Fragen

1. Was ist ein Bund?
2. Mit wem hat Gott Bündnisse geschlossen?
3. Warum sollten wir das Gesetz des Moses beachten?
4. Was sind zwei Gebote unter dem neuen Bund?

TAG 31: Keine Anderen Götter (Erstes Gebot)

Du sollst keine anderen Götter haben neben mir.

(2. Mose 20,3; 4. Mose 5,7)

Warum verlangt Gott, als einziger ein Recht auf unsere Treue zu haben und verbietet uns, andere Götter anzubeten?

Gottes Allherrschaft über unser Leben ergibt sich aus seiner Rolle als Schöpfer. Haben wir etwas getan, um unsere Schöpfung zu verdienen? Nein. Unsere erste unabhängige Handlung, nachdem Gott uns geschaffen hatte, bestand eigentlich darin, gegen Gottes einziges Gesetz zu sündigen und zu rebellieren—iss nicht vom Baum (1. Mose 2,17). Haben wir etwas getan, um zu verdienen, dass Gott uns wiederherstellt und erlöst? Nein—Gott selbst hat die Strafe für unsere Sünde bezahlt, indem er seinen Sohn geschickt hat, um für uns am Kreuz zu sterben.

Gott erlaubt nur einen Weg zur Erlösung—durch Jesus Christus. Wir können uns Gott nicht alleine, nur auf uns gestellt, nähern. Zwei Gründe legen nahe, warum das so ist.

Der erste Grund liegt in der ewigen Natur

Gottes—Gott steht außerhalb der Zeit. Gottes unendliche Natur impliziert, dass er sich uns nähern kann, aber wir uns ihm nicht nähern können. Da brauchen wir nur an das Problem zu denken, wie wir ein Treffen mit einem ewigen Gott ausmachen können—vielleicht passt es Gott gut im Jahre 30 n. Chr. oder vielleicht 3000 n. Chr.? Wie sollen wir zu so einem Termin erscheinen oder ihn auch nur vereinbaren? Der Apostel Paulus schreibt: „Denn Christus ist schon zu der Zeit, als wir noch schwach waren, für uns Gottlose gestorben." (Röm 5,6)

Der zweite Grund liegt in der heiligen Natur Gottes. Heilig bedeutet geheiligt oder ausgesondert zu sein. Gott ist heilig; wir sind es nicht. Gottes Heiligkeit hindert uns daran, ihm alleine, aus eigener Kraft, zu näherzukommen.

Weil wir aus eigener Kraft weder physisch noch moralisch Gott näherkommen können, gibt es logischerweise keinen geheimen Weg zu Gott außerhalb von Christus. Tatsächlich ignoriert die Vorstellung, dass ein geheimer Weg zu Gott existiert, die beiden gerade genannten Probleme und basiert sich auf drei Missverständnissen der Heiligkeit Gottes.

Das erste Missverständnis besagt, dass wir grundsätzlich gut sind und ohne göttliche Hilfe an Gott herantreten können. Wenn wir im Grunde genommen gut wären, wäre die Heiligkeit Gottes kein Problem. Das Opfer Christi am Kreuz wäre unnötig und die Einhaltung des Gesetzes Moses wäre theoretisch möglich. Aber leider lag nach Adam und Eva böse Saat, nämlich die Erbsünde, in der Familie.

Das zweite Missverständnis argumentiert, dass Gott selbst nicht gut ist, was offensichtlich nicht wahr ist. Als absolute allherrschaftliche Hoheit ist Gott der absolute Gesetzgeber und definiert, was gut ist und was nicht. Es ist kein Zufall, dass Gott in der Schöpfungsdarstellung die Schöpfung siebenmal für gut erklärt (1. Mose 1). Gott erklärt die Schöpfung für gut, weil er sie geschaffen und erhalten hat. Weil unser Leben sowohl von Gottes Erschaffung als auch von seiner Versorgung unseres Universums abhängt, muss Gott gut sein!

Das dritte Missverständnis setzt die Unkenntnis der Heiligkeit Gottes voraus. Wie der Apostel Paulus den

Athenern sagte:

Zwar hat Gott über die Zeit der Unwissenheit hinweggesehen; nun aber gebietet er den Menschen, dass alle an allen Enden Busse tun. Denn er hat einen Tag festgesetzt, an dem er richten will den Erdkreis mit Gerechtigkeit durch einen Mann, den er dazu bestimmt hat, und hat jedermann den Glauben angeboten, indem er ihn von den Toten auferweckt hat. (Apg 17,30–31)

Angesichts moderner Kommunikationssysteme ist die Botschaft des Evangeliums nahe daran, die gesamte Menschheit zu erreichen—sogar Menschengruppen, die der Generation von Paulus unbekannt sind. Das Unwissenheitsargument ist dementsprechend heute noch weniger glaubwürdig als zur Zeit des Apostel Paulus.

Gott verdient unsere Anbetung. Das erste Gebot im Gesetz verlangt es.

∞

Himmlischer Vater,

„Wie herrlich ist dein Name in allen Landen, der du zeigst deine Hoheit am Himmel! Aus dem Munde der jungen Kinder und Säuglinge hast du eine Macht zugerichtet um deiner Feinde willen, dass du vertilgest den Feind und den Rachgierigen" (Ps 8,2–3). Mögen wir

Die Zehn Gebote – 145

deinen Namen für immer preisen. Im Namen des Vaters, des Sohnes und des Heiligen Geistes, Amen.

∞

Fragen

1. Was ist das erste Gebot?
2. Was macht Gott allherrschend?
3. Was sind zwei Gründe, warum es keinen unbekannten Weg zu Gott gibt?
4. Welche drei Missverständnisse über Gottes Heiligkeit hindern uns daran, die ausschließliche Notwendigkeit Christi zu erkennen?

TAG 32: Mache Keine Bildnisse (Zweites Gebot)

Du sollst dir kein Bildnis noch irgendein Gleichnis machen, weder von dem, was oben im Himmel, noch von dem, was unten auf Erden, noch von dem, was im Wasser unter der Erde ist: Bete sie nicht an und diene ihnen nicht! Denn ich, der HERR, dein Gott, bin ein eifernder Gott, der die Missetat der Väter heimsucht bis ins dritte und vierte Glied an den Kindern derer, die mich hassen, aber Barmherzigkeit erweist an vielen Tausenden, die mich lieben und meine Gebote halten.
(2. Mose 20,4–6; 4. Mose 5,8–10)

Hast du jemals gewartet, bis deine Mutter dich zum zweiten mal zu sich gerufen hat bevor du geantwortet hast (als ob du nicht verstanden hättest, was sie gemeint hat)? Warum? Wiederholung bedeutet Betonung. In der hebräischen Dichtung sehen wir eine besondere Art der Wiederholung, bei der der erste und der zweite Satz dasselbe sagen, nur in unterschiedlichen Worten.

Ein gutes Beispiel für eine hebräische Dublette

finden wir im 115. Psalm, wo es heisst:

Unser Gott ist im Himmel; er kann schaffen, was er will. Ihre Götzen aber sind Silber und Gold, von Menschenhänden gemacht. Sie haben einen Mund und reden nicht, sie haben Augen und sehen nicht. (Ps 115,3–5)

Der Vergleich ist zwischen Gott, der lebt (lebt im Himmel; tut, was er will) und Götzen, die nicht leben (von Menschen aus Metall gemacht; haben stumme Münder und nutzlose Augen).

Das Problem der Götzenanbetung liegt tief in der menschlichen Psyche. Ein Idol ist etwas, was wir für wichtiger halten als Gott, und das kann irgendetwas sein. Idole gibt es nämlich viele: Familienmitglieder, Freunde, Arbeit, Schule, politische Führer, Popstars, Sporthelden, Philosophien, Bankkonten, Versicherungspolicen, Krankenversicherungen, und das ist nur ein Ausschnitt aus einer endlos langen Liste.

Louie Giglio (2003, 113), ein christlicher Musiker, sagt, wenn du eine Liste der Idole in deinem Leben haben willst, brauchst du nur nachzusehen, für was du dein Geld, deine Zeit, deine Energie und deine Loyalität einsetzt. Schau was deine Prioritäten sind, und du wirst die Idole finden, die deinen Glauben, deine geistige Gesundheit und vielleicht auch dein Leben bedrohen.

Im zweiten Gebot geht es nicht um Gottes Eitelkeit. Wenn wir auf Idole vertrauen, begeben wir uns auf den Weg zu einem schweren Sturz. Alle Idole brechen irgendwann und wenn sie es tun, brechen wir mit ihnen. Im Ergebnis führt unsere Gebrochenheit oft zu Depressionen, Sucht, oder Selbstmord; auf gesellschaftlicher Ebene führt sie zu Unterdrückung, Ungerechtigkeit und Krieg.

Die Arbeitsmanie unserer Gesellschaft und der Wahn „Alles zu haben" führt uns zum Beispiel dazu, unsere eigene Gesundheit zu vernachlässigen und jeden, der nicht arbeitet, gering zu schätzen. Anstatt die Zeit mit unserer Familie zu schätzen, weigern wir uns, unseren Urlaub zu nutzen, und kehren vorzeitig zur Arbeit zurück. Anstatt uns in unserer Freizeit zu entspannen oder uns körperliche Bewegung zu verschaffen, bringen wir Arbeit mit nach Hause und treffen eine schlechte Wahl beim Essen. Anstatt unsere Jugendlichen und Senioren als nach dem Bilde Gottes geschaffen zu sehen, sehen wir sie als „Abhängige," die nicht arbeiten. Es ist daher nicht verwunderlich, dass diese Menschen Selbstbildprobleme und Depressionen oder Schlimmeres entwickeln.

Aller Ersatz für die Rolle des lebendigen Gottes in unserem Leben ist eben nur armselige Nachahmung.

∞

Allmächtiger Gott,
Du hast uns nach deinem Bild geschaffen; du hast uns mit deiner Schönheit erfüllt. Schütze unsere Herzen und Gedanken vor Götzen, die uns verführen und uns die Würde und den Schutz deines göttlichen Bildes rauben. Hilfe uns, dein Bild heilig zu halten. Stärke unseren Glauben an die Kraft deines Heiligen Geistes. Im Namen Jesu, Amen.

∞

Fragen

1. Was ist ein Götzenbild?

2. Was passiert, wenn sich unsere Götzenbilder als falsch erweisen?

3. Welche Rolle spielt Wiederholung bei der Auslegung der Heiligen Schrift?

TAG 33: *Ehre den Namen (Drittes Gebot)*

Du sollst den Namen des HERRN, deines Gottes,

nicht missbrauchen;

denn der HERR wird den nicht ungestraft lassen,

der seinen Namen missbraucht.

(2. Mose 20,7; 4. Mose 5,11)

Als ich vor einigen Jahren in Deutschland studierte, hatte ich einen Freund aus Belgien, der nur unter seinem Familiennamen bekannt war. Als ich mich umhörte, wusste nicht einmal der Abteilungssekretär seinen Vornamen. Sein Vorname war nur der Familie vorbehalten und niemand sonst kannte ihn.

Gott ist auch empfindlich was seinen Namen und dessen Verwendung anbetrifft (Ez 36,20–23).

Gottes Name, הְיָהָא (JHWH), den er im Bündnis mit Mose aus dem brennenden Dornbusch nannte (2. Mose 3,14; Ez 36,20–23), ist Juden heilig. Wenn Juden JHWH in der Schrift begegnen, ersetzen sie normalerweise Adonai, was „Herr" bedeutet. Die meisten Übersetzer ehren diese Praxis. Im Gegensatz dazu ist der generische Name für Gott im Hebräischen „Elohim," was zum Beispiel das Wort für Gott ist, dass in 1. Mose 1,1 verwendet wird.

Die Behandlung von Gottes Namen ist eine Ausweitung der Heiligkeit Gottes. Heilig bedeutet sowohl Absonderung als auch die Idee von Heiligkeit. Das Tabernakel und später der Tempel in Jerusalem wurden unter Einhaltung von drei Ebenen zunehmender Heiligkeit gebaut: den Hof für die Juden, das Heiligtum für die Priester, und das Allerheiligste für den Hohepriester—aber nur am Versöhnungstag (2. Mose 30,10). Die Bundeslade befand sich im Allerheiligsten.

Obwohl das jüdische Opfersystem mit der Zerstörung des Tempels im Jahr 70 n. Chr. Zu Ende ging, ist Gottes Name immer noch heilig. Der Apostel Paulus schrieb zum Beispiel:

Er erniedrigte sich selbst und ward gehorsam bis zum Tode, ja zum Tode am Kreuz. Darum hat ihn auch Gott erhöht und hat ihm den Namen gegeben, der über alle Namen ist, dass in dem Namen Jesu sich beugen sollen aller derer Knie, die im Himmel und auf Erden und unter der Erde sind, und alle Zungen bekennen sollen, dass Jesus Christus der Herr ist, zur Ehre Gottes, des Vaters. (Phil 2,8–11)

Daher ist das Gebot, den Namen Gottes nicht zu entweihen, ernst zu nehmen. Der Autor des Buchs der Sprüche: „Die Furcht des HERRN ist der Anfang der Erkenntnis" (Spr 1,7). Wir ehren Gott, indem wir vulgäre Sprache unterlassen und uns weigern, leere Versprechungen unter Verwendung des Namens Gottes einzugehen.

Aber Gottes Namen zu ehren bedeutet mehr als nur keine Schimpfwörter zu verwenden. Unser Verhalten sollte Gott Ehre bringen—unser Handeln muss mit dem Glauben übereinstimmen, den wir bekennen (Jak 2,17).

Eine der größten Belohnungen im Himmel ist einfach den Namen „Christ" zu tragen (Offb 22,4). Warum nicht schon jetzt damit anfangen?

∞

Allmächtiger Gott,
Mögen unsere Worte und Taten deine Herrlichkeit widerspiegeln und deinem Namen Ehre machen, heute, und jeden Tag. Reinige unsere Gedanken durch die Kraft deines Heiligen Geistes, heilige unsere Herzen und erlöse unsere Taten, damit wir für unsere Mitmenschen ein Segen sein können. Im Namen Jesu, Amen.

Fragen

1. Welche Gottesnamen verwendet die Bibel?

2. Was bedeutet heilig? Wie spiegelt die Organisation des Tempels in Jerusalem die Heiligkeit Gottes wider?

3. Ehrt das Neue Testament weiterhin den Namen Gottes? Auf welche Weise?

4. Wie werden wir im Himmel geehrt?

TAG 34: Halte Den Sabbattag Heilig (Viertes Gebot)

Den Sabbattag sollst du halten, dass du ihn heiligst, wie dir der HERR, dein Gott, geboten hat. Sechs Tage sollst du arbeiten und alle deine Werke tun. Aber am siebenten Tag ist der Sabbat des HERRN, deines Gottes. Da sollst du keine Arbeit tun, auch nicht dein Sohn, deine Tochter, dein Knecht, deine Magd, dein Rind, dein Esel, all dein Vieh, auch nicht dein Fremdling, der in deiner Stadt lebt, auf dass dein Knecht und deine Magd ruhen gleichwie du. Denn du sollst daran denken, dass auch du Knecht in Ägyptenland warst und der HERR, dein Gott, dich von dort herausgeführt hat mit mächtiger Hand und ausgerecktem Arm. Darum hat dir der HERR, dein Gott, geboten, dass du den Sabbattag halten sollst.

(5. Mose 5,12–15)

Der göttliche Ursprung des Sabbats ist sowohl im Alten als auch im Neuen Testament gut belegt. Im Alten Testament ist es das einzige Gebot, das auch im

Schöpfungsbericht vorkommt, und es ist auch das längste Gebot—ein Hinweis auf die Betonung. Im Neuen Testament bezeichnet Jesus sich selbst als den Herrn des Sabbats (Mt 12,8; Lk 6,5) und vollbringt gerade am Sabbat mehrere Wunder.

Warum all diese Aufmerksamkeit für den Sabbat?

Ein Schlüssel zum Verständnis des Sabbats findet sich im 4, Kapitel des Hebräerbriefes, wo vier Aspekte der Sabbatruhe aufgeführt sind: körperliche Ruhe, wöchentliche Sabbatruhe, Ruhe im Gelobten Land, und himmlische Ruhe—unsere Rückkehr in den Garten Eden.

Körperliche Ruhe wird von vielen Christen unterschätzt. Jesus sagt: „Kommt her zu mir, alle, die ihr mühselig und beladen seid; ich will euch erquicken." (Mt 11,28) Wie sollen wir Gott und unsere Nächsten lieben, wenn wir ständig körperlich erschöpft sind? Die Sabbatruhe ermöglicht es uns, die physische, emotionale und spirituelle Fähigkeit aufzubauen, Gott zu erfahren und Mitgefühl für unsere Nächsten zu haben.

Wir sehen einen Hinweis auf diese Interpretation des Sabbats, wenn wir die Darstellungen des Vierten Gebots in Exodus und Deuteronomium vergleichen. Deuteronomium fügt den Satz hinzu:

Denn du sollst daran denken, dass auch du Knecht in Ägyptenland warst und der HERR, dein Gott, dich von dort herausgeführt hat mit mächtiger Hand und ausgerecktem Arm. Darum hat dir der HERR, dein Gott, geboten, dass du den Sabbattag halten sollst. (5. Mose 5,15)

Freie Menschen ruhen sich aus, aber Sklaven müssen arbeiten. Sind wir also wirklich frei? Die Sabbatruhe ist ein Symbol unserer christlichen Freiheit.

Das Gelobte Land, die versprochene Ruhe (Ps 95,11), der Himmel und das neue Eden (Offb 22,2) zeigen und bekräftigen dieses Verständnis des Sabbats. Das Bild unseres Göttlichen Hirten ist ein Bild der himmlischen Ruhe: „Er weidet mich auf einer grünen Aue und führet mich zum frischen Wasser" (Ps 23,2). Leider scheint dieses poetische Bild der Ruhe nur bei Beerdigungen aufzutauchen.

∞

Barmherziger Vater, Liebhaber unserer Seelen, Heiliger Geist,
Zieh uns zu dir heran: Öffnen unsere Herzen, erleuchten unsere Gedanken, stärken unsere Hände zu deinem

Dienst. Gönne uns heute und jeden Tag Ruhe in dir. Im Namen Jesu, Amen.

∞

Fragen

1. Inwiefern ist die Sabbatruhe in den heiligen Schriften eine von Gott verordnete Praxis?

2. Was sind die vier Aspekte der Ruhe, die im 4, Kapitel des Hebräerbriefes beschrieben werden?

3. Warum ist die Sabbatruhe ein Schlüssel zu unserer Spiritualität?

4. Wie hängen Ruhe und Freiheit zusammen?

TAG 35: *Ehre Deine Eltern (Fünftes Gebot)*

Du sollst deinen Vater und deine Mutter ehren,

wie dir der HERR, dein Gott, geboten hat,

auf dass du lange lebest

und dir's wohlgehe in dem Lande,

das dir der HERR, dein Gott, geben wird.

(5. Mose 5,16; 2. Mose 20,12; Mt 15,4; Mk 7,10)

Wen ehrst du? Wen ehrst du am meisten? Als postmoderne westliche Menschen lieben wir die Sprache der individuellen Autonomie und Freiheit. Unsere Gesetze schränken die Rechte fast aller Autoritätspersonen ein—Eltern, Lehrer, Vorgesetzte, Polizisten, Politiker, sogar die der Pastoren.

Ehrerbietung gegenüber Eltern und der allgemeine Gebrauch der Vater-Sohn-Sprache der Bibel waren im Alten Orient eine gängige Terminologie. Nach dem Bilde Gottes geschaffen zu sein bedeutet zum Beispiel eine Vater-Sohn (oder Vater-Tochter) Beziehung zu Gott zu haben, die wir auch sehen, wenn beschrieben wird wie Adam Seth in seinem Ebenbild zeugt (1. Mose 1,27; 5,3; Kline 2006, 62). Das kommt auch im Vaterunser vor, zum Beispiel in dem Satz: „Dein Wille geschehe wie im

Himmel so auf Erden" (Mt 6,10). So wie wir Gott als unseren Vater ehren sollen, sollen Kinder ihre Eltern ehren.

Der Apostel Paulus beschrieb das fünfte Gebot als das einzige, das eine Verheißung enthält: „Auf, dass du lange lebest und dir's wohl gehe in dem Lande, das dir der HERR, dein Gott, geben wird." (5. Mose 5,16; Eph 6,2–3) Dieses Versprechen besagt, dass wir selbst nicht immer wissen, was das Beste für uns ist.

Der Apostel Paulus hat die Hierarchie neu definiert. Er schrieb: Kinder gehorcht euren Eltern; Eltern ärgert eure Kinder nicht. Ebenso definierte er andere Beziehungen neu: Ehefrauen respektiert eure Ehemänner; Ehemänner liebt eure Frauen wie euch selbst. Sklaven respektieren deine Herren; Meister behandeln deine Sklaven als Familie (Eph 6,1–9). Paulus verlangte später von den Kirchenältesten, diese neuen Beziehungen zu verwirklichen (1 Tim 3,4). Das Prinzip hier ist: „Alles, was ihr tut, das tut von Herzen als dem Herrn und nicht den Menschen." (Kol 3,23)

Ist Christus der Herr unseres Lebens, dann bekommen alle Hierarchien eine neue Bedeutung. Zweiseitige weltliche Beziehungen werden in dreiseitige

Beziehungen unter Gott verwandelt: Jede Beziehung besteht aus dir, mir und Gott. Die Die Ehe verwandelt sich von einem Vertrag (zwei Seiten) in einen Bund (dreiseitig). Beziehungen werden von sozialen Transaktionen zu Möglichkeiten umgeformt, die Liebe Christi füreinander zu zeigen.

Jesus sagt: „Siehe, ich mache alles neu!" (Offb 21,5). Verwandelte Beziehungen ermöglichen es dem Reich Gottes, schon hier und jetzt in eine gefallene Welt einzutreten.

∞

Allmächtiger Vater, König aller Könige, Herr aller Herren,
Danke für deine ständige Gegenwart in unserem Leben. Erlöse unsere Beziehungen, gewählreiste unsere Treue und lehre uns, durch dein Beispiel andere zu führen. Segne durch die Kraft deines Heiligen Geistes unsere Familien, unsere Kirchen und unsere Arbeitsplätze. Im kostbaren Namen Jesu, Amen.

∞

Fragen
1. Warum sollen wir das fünfte Gebot befolgen?
2. Wie hat der Apostel Paulus das Wesen der Autorität

in Beziehungen neu definiert?

3. Was ist eine dreiseitige Beziehung? Wie könnte sie sich von einer zweiseitigen Beziehung unterscheiden?

TAG 36: Morde Nicht (Sechstes Gebot)

Du sollst nicht töten.

(2. Mose 20,13)

Der Sechstes Gebot—Du sollst nicht töten—scheint ganz klar. Falls du es beim ersten Mal verpasst hast, wiederholt die Bibel es fünfmal mit genau den gleichen Worten (auch: 5. Mose 5,17; Mt 5,21; 19,18; Röm 13,9). Die Strafe für Mord—der Tod—ist schon in der Geschichte von Noah erwähnt (1. Mose 9,11).

Wenn Jesus über Mord spricht, vergleicht er es damit, wütend auf seinen Bruder oder seine Schwester zu sein und ihn zu beleidigen. Dann fügt Jesus einen merkwürdigen Kommentar hinzu: „So lass dort vor dem Altar deine Gabe und geh zuerst hin und versöhne dich mit deinem Bruder, und dann komm und opfere deine Gabe" (Mt 5,24). Dieser Kommentar ist aus zwei Gründen bemerkenswert. Erstens, zu der Zeit als Jesus dies gesagt hat, durften nur Priester das Heiligtum im Tempel betreten und an den Altar herantreten. Zweitens dieser Kommentar scheint die Versöhnung mit unserem Bruder oder unserer Schwester Vorrang über die Versöhnung mit

Gott zu geben.

Worum geht es also? Jesus erinnert seine Zuhörer nicht an den Tempel, sondern an den ersten Mord, der in der Bibel berichtet wird—die Geschichte von Kain und Abel. Jesus verwendet diesen Fall als Lehrbeispiel. Kain wurde wütend auf seinen Bruder Abel, nachdem Abel Gott ein besseres Opfer gebracht hatte. Dafür ermordete dann Kain seinen Bruder Abel (1. Mose 4,1–8). Die Lehre aus diesem Beispiel ist, dass wir uns miteinander versöhnen sollen, bevor die Wut außer -Kontrolle gerät und bevor wir etwas tun, das wir später vielleicht bereuen (Mt 5,23–24).

Jesus macht zwei wichtige Punkte. Erstens lehrt uns Jesus, Mord zu verhindern, indem wir den Anreiz zum Mord beseitigen. Diese Lehre kann dann also auf alle möglichen Situationen angewendet werden, nicht nur auf Mord.

Zweitens ermahnt Jesus uns, dass Gott um Vergebung zu bitten (ein Geschenk zu bringen) die Sünden, die wir gegeneinander begangen haben, nicht auslöscht. Wenn wir jemanden ermorden, gibt die Bitte um die Vergebung Gottes weder das verlorene Leben wieder zurück noch heilt sie die emotionale Verwüstung, die die Familie des Opfers durchgemacht hat. Vergebung kann nicht nur aus Worten bestehen.

Der springende Punkt hier ist, dass Gott um Vergebung bitten, wie zum Beispiel im Beichtgebet im Sonntagsgottesdienst, weder eine Änderung der Einstellung zu unserer Sünde erfordert (die erste Lehre von Jesus) noch diejenigen entschädigt, die durch das, was wir getan haben, verletzt worden sind (die zweite Lehre von Jesus). Wahre Reue (ein echter Gesinnungswandel) erfolgt auf die erste Lehre, die Wiedergutmachung (Entschädigung unserer Opfer) auf die zweite.

Sagt uns Jesus mit seiner Lehre hier, dass wir niemals wütend sein sollen? Nein, denn Wut hat einen Zweck. Einige Zwecke unserer Wut sind selbstsüchtig und böse, andere aber nicht.

Jesus wurde offensichtlich wütend über Ungerechtigkeit, über diejenigen, die im Tempel Geschäfte machten (Joh 2,14–17) und über die hartherzigen Pharisäer, die sich weigerten, am Sabbat gute Werke wie zum Beispiel Heilungen zuzulassen. Im Gegensatz dazu waren die Pharisäer so wütend über die Heilungen, die

Die Zehn Gebote – 165

Jesus am Sabbat vollbracht hat, weil ihr Ansehen dadurch litt, dass sie daraufhin begannen, seinen Tod zu planen (Mt 12,10–14).

∞

Barmherziger Vater, geliebter Sohn, allgegenwärtiger Geist,

Danke, dass du uns mit deinem Gesetz gesunde Grenzen gesetzt hast. Reinige unsere Herzen von Eifersucht, Neid und anderen bösen Leidenschaften, die uns zur Sünde führen. Im Namen Jesu, Amen.

∞

Fragen

1. Wie oft wird das sechste Gebot in der Bibel wiederholt?

2. Welche Geschichte verwendet Jesus, um über Mord zu lehren?

3. Was sind die zwei Lehren, die uns Jesus lehrt?

4. Was lernen wir von diesen Lehren über Vergebung?

5. Wann ist Wut verboten; wann ist sie zu billigen?

TAG 37: *Begehe keinen Ehebruch (Siebtes Gebot)*

Du sollst nicht ehebrechen.
(2. Mose 20,14; 4. Mose 5,18;
Mt 5,27; 19,18; Röm 13,9)

Im Zentrum von Ehebruch steht fast immer eine Lüge. Dass unser Privatleben privat ist und es auch bleiben sollte ist nämlich eine Lüge. Die Wahrheit ist, dass unsere Handlungen sich immer auf die Menschen um uns herum auswirken.

Da brauchen wir nur König David zu fragen. Er dachte, er könnte still und heimlich ein Verhältnis mit Batseba haben. Als sie schwanger wurde, versuchte er es zuerst zu vertuschen, indem er ihren Mann, Uria den Hetiter, vom Militärdienst in den Palast zurückrief. Davids Plan dabei war, dass seine Sünde vertuscht würde, wenn Uria mit Batseba schlief. Uria vereitelte diesen Plan, indem er David treu blieb und sich weigerte, nach Hause zurückzukehren.

Da David seine Sünde nicht vertuschen konnte, schickte er Urias Kommandant die Nachricht, Uria in der Schlacht an die Front zu stellen und ihn dann den Amoritern zu überlassen. Uria kam in der Schlacht um (2 Sam

11). Schon bald hörten alle von Davids Sünde und versuchten, sie zu vertuschen. Der 30. Psalm berichtet von Davids Kummer über seine Sünde, und der 51. Psalm berichtet von Davids Bekenntnis zu Gott. Gott vergab David, aber Davids Sünde führte zum Tod seines Kindes (2 Sam 12,13–14).

Ehebruch, Scheidung und sonstiges unmoralische Verhalten sind die Folge, wenn man verbotenen Wünschen und Versuchungen nachgibt, die drohen, gesunde Beziehungen zu zerstören und unsere Familien zu zerreißen. Sie stehen auch im Gegensatz zu Gottes Absicht für die menschliche Ehe, nämlich als eine lebenslange Ehe zwischen einem Mann und einer Frau.

Die Ehe ist nicht nur eine romantische Idee. Wenn wir unsere Beziehungen nur als Erfüllung unserer eigenen Bedürfnisse betrachten, sind unsere Kinder die Verlierer. Laut der US-Volkszählung (2011, 68) stieg der Anteil der Kinder unverheirateter Mütter von 27 Prozent im Jahr 1990 auf 40 Prozent im Jahr 2007. Diese eine Statistik besagt, dass die Zukunftsaussichten für Kinder in Amerika in unserer Generation stark gefallen sind, d.h. es wird mehr Armut, mehr Drogenkonsum, und dann auch mehr Selbstmorde geben. Die

Ehe ist also ganz deutlich nicht nur eine romantische Idee.

Jesus missbilligte die Scheidung und erlaubte sie nur im Falle sexueller Unmoral und in Bezug auf Ehebruch (Mt 5,32,19,9). Der Ehebund (Mal 2,14) beinhaltet zwei Teile: Sowohl ein Bundeszeichen (körperliche Intimität) als auch einen Bundeseid (Hugenberger 1994, 342–43; 1. Mose 2,21–23). Sexuelle Unmoral bricht den ersten Teil, aber nicht unbedingt den zweiten.

Die Lehre Jesu über Ehebruch entspricht seiner Lehre über Mord. Begierde führt zu Unmoral, daher warnt uns Jesus davor, Begierde zu vermeiden und dadurch Ehebruch zu verhindern.

Dann unterbricht er diese Diskussion über Ehebruch mit einigen überspitzten Analogien: „Wenn dich aber dein rechtes Auge zur Sünde verführt, so reiße es aus und wirf's von dir ... Wenn dich deine rechte Hand zur Sünde verführt, so hau sie ab und wirf sie von dir" (Mt 5,29–30). Nach dieser Unterbrechung kehrt er zu seiner Diskussion über Ehebruch zurück. Die Implikation hier ist, dass das beabsichtigte Körperteil nicht Auge oder Hand ist, sondern etwas viel Persönlicheres! Ganz eindeutig missbilligt Jesus Scheidung und Unmoral.

∞

Allmächtiger Gott,

Wir loben dich dafür, dass du unsere Familien liebst und dir unsere Kinder am Herzen liegen. Behüte unsere Herzen und Gedanken. Hilf uns, unseren Ehepartnern treu zu sein. Durch die Kraft des Heiligen Geistes, hilf uns deinen Willen für unser Leben immer vor Augen zu haben. Im kostbaren Namen Jesu, Amen.

∞

Fragen

1. Warum ist Ehebruch mit Lügen verbunden? Was ist die größte Lüge?

2. Was war die Geschichte von David und Batseba? Was war die Folge von Davids Sünde?

3. Warum ist Ehebruch aus Gottes Sicht falsch? Wie ist er aus unserer Sicht falsch?

4. Was hat Jesus über Scheidung gesagt?

5. Inwieweit ist Ehebruch wie Mord?

6. Worauf beziehen sich die überspitzten Beispiele von Jesus wirklich?

TAG 38: Stehle Nicht (Achtes Gebot)

Du sollst nicht stehlen.

(2. Mose 20,15; 3. Mose 19,11;

4. Mose 5,19; Mt 19,18; Röm 13,9)

*D*ie Geschichte des reichen jungen Herrschers scheint besonders Amerikaner mehr zu beunruhigen als andere biblische Geschichten, höchstwahrscheinlich, weil die USA eine wohlhabende Nation sind. Die Geschichte findet sich in allen drei synoptischen Evangelien. Die Geschichte beginnt mit der Frage des Mannes: „Was soll ich tun, damit ich das ewige Leben ererbe?" (Mk 10,17). Jesus antwortet, indem er die Gebote aufzählt, die mit der Nachbarenliebe zu tun haben. Der Mann antwortet: „Das habe ich alles gehalten von meiner Jugend auf." (Mk 10,20). Er fragt dann, ob er außerdem noch etwas tun muss. Jesus antwortet: „Verkaufe alles, was du hast, und gib's den Armen . . . und komm, folge mir nach!" (Mk 10,21). Nach diesen Worten ging der Mann traurig weg, ohne eine Antwort zu geben.

Was hat diese Geschichte, mit dem Gebot nicht zu stehlen, zu tun?

Das Böse zu vermeiden ist nicht dasselbe wie gut

zu sein. Es ist vermutlich weniger verlockend zu stehlen, wenn man reich ist, als wenn man arm ist. Wenn du reich und von Gier motiviert bist, kannst du kleine Diebstähle an Untergebene delegieren oder den Gesetzgeber davon überzeugen, das Gesetz zu ändern, um kleine Diebstähle legal zu machen. Der reiche junge Herrscher beantwortete die Frage von Jesus nach den Geboten zweifellos wahrheitsgemäß.

Was aber, wenn statt des reichen jungen Herrschers ein Subprime Kreditgeber mit denselben Fragen zu Jesus käme? Was würde Jesus dann wohl sagen? Ist es Diebstahl, eine Hypothek an eine arme Person zu verkaufen, die den Kredit wahrscheinlich nicht zurückzahlen kann? Was ist, wenn die Rückzahlungswahrscheinlichkeit um ein Prozent sinkt? Und wenn sie um fünf Prozent sinkt? Vor der Finanzkrise von 2007 wurden die Vorschriften geändert, um die Vergabe von Subprime Krediten zu erleichtern. War es genug, diese Vorschriften eingehalten zu haben? Wie würdest du antworten, wenn du für die Regierung gearbeitet hättest?

Positive Schritte zu unternehmen, um gut zu sein,

ist nicht einfach.

Der Apostel Paulus stellt in seiner Liste der Werke des Fleisches (Laster) und der Früchte des Geistes (Tugenden) die folgende Unterscheidung auf:

Offenkundig sind aber die Werke des Fleisches, als da sind: Unzucht, Unreinheit, Ausschweifung, Götzendienst, Zauberei, Feindschaft, Hader, Eifersucht, Zorn, Zank, Zwietracht, Spaltungen, Neid, Saufen, Fressen und dergleichen. Davon habe ich euch vorausgesagt und sage noch einmal voraus: Die solches tun, werden das Reich Gottes nicht erben. Die Frucht aber des Geistes ist Liebe, Freude, Friede, Geduld, Freundlichkeit, Güte, Treue, Sanftmut, Keuschheit; gegen all dies steht kein Gesetz. (Gal 5,19–23)

Stehlen steht nicht Liste des Paulus, aber wir alle wissen, in welche Kategorie es gehört!

Es ist interessant, dass Jesus in der Bergpredigt nicht speziell über Diebstahl sprach, wie er es über Mord und Ehebruch tat. In gewissem Sinne war das nicht nötig. Wenn Gier uns dazu verführt, unseren Nächsten zu betrügen, sollten wir natürlich vermeiden, gierig zu sein, um Betrug zu verhindern. Besser noch, warum nicht

Die Zehn Gebote – 173

großzügig sein?

∞

Gnädiger Gott,

Danke, dass du uns mit deiner Liebe und Großzügigkeit überhäufst. Schenke uns großzügige Herzen und helfende Hände, damit wir deine Bild widerspiegeln. Möge unsere Sicherheit in Dir sein, nicht in unserem Besitzen. Im Namen des Vaters, des Sohnes, und des Heiligen Geistes, Amen.

∞

Fragen

1. Welche Frage stellte der reiche junge Herrscher an Jesus und wie antwortete Jesus? Warum ist das wichtig für uns?
2. Führt Gier zu Diebstahl? Warum oder warum nicht?
3. Wenn du wohlhabend bist, warum fällt es dann leichter, nicht zu stehlen, als großzügig zu sein?

TAG 39: Lüge Nicht (Neuntes Gebot)

Du sollst nicht falsch Zeugnis reden wider deinen Nächsten.

(2. Mose 20,16)

Das Gegenteil einer Lüge ist die Wahrheit. Wir beten den Gott der Wahrheit an. Aus dem brennenden Dornbusch sagt Gott Moses, was sein Name ist: „Ich werde sein, der ich sein werde" (2. Mose 3,14). Moses glaubte an Gott; Der Pharao weigerte sich. Als Gott die Wahrheit seiner eigenen Existenz offenbarte, wurde das Volk Israel geboren. Es ist daher nicht verwunderlich, dass der Gott der Wahrheit seinem Volk befiehlt, nicht zu lügen!

Falsches Zeugnis abzulegen ist jedoch mehr als eine Unwahrheit; es ist eine absichtliche Täuschung mit einem bestimmten Ziel. Die Ausführungen in in Vers 1–3 des 23. Kapitel des Buches Exodus skizzieren drei spezifische Themen: Verbreitung falscher Berichte, Justizbehinderung bei Gericht und voreingenommene Zeugenaussagen. Das Verbreiten falscher Informationen kann einfach nur Klatsch oder Verleumdung sein. Es gibt natürlich viele Möglichkeiten, Justiz zu verfälschen. Voreingenom-

Die Zehn Gebote – 175

menheit kann durch Armut oder verschiedene Neigungen und Bindungen (Familienbande, Rasse, Sprache, soziale Schicht, nationale Herkunft, Glauben oder sogar die jeweilige Örtlichkeit) motiviert sein.

Diese Vorurteile und Ungerechtigkeiten sind so verbreitet, dass wir eher von Integrität als von Voreingenommenheit überrascht sind. Zum Beispiel hängt die jüngste Debatte über die Todesstrafe weniger von einem Streit über die Strafe ab, als von dem Zweifel, dass Gerechtigkeit herrschen wird. Es ist also kein Wunder, dass Pilatus, selbst ein korrupter Beamter, Jesus fragt: „Was ist Wahrheit?" (Joh 18,38).

Die Geschichte der Frau, die beim Ehebruch ertappt wurde, ist wahrscheinlich der berühmteste Fall eines Todesurteils in der Heiligen Schrift. Die Schuld der Frau steht außer Frage; die einzige Frage war die Strafe. Die Pharisäer fragten Jesus: „Mose hat uns im Gesetz geboten, solche Frauen zu steinigen. Was sagst du?" (Joh 8,5).

Hier ist zu beachten, dass nach jüdischem Gesetz bei Ehebruch beiden Parteien die gleiche Todesstrafe droht (3. Mose 20,10). Da die Pharisäer die Identität des Mannes, der beteiligt war, aber vertuschten, brachen sie das neunte Gebot in ihrer Darlegung dieses Falls. Mit anderen Worten, sie legten ein voreingenommenes Zeugnis ab und suchten gar nicht die wahre Gerechtigkeit.

Jesus weist auf die Voreingenommenheit der Pharisäer hin, mit den Worten: „Wer unter euch ohne Sünde ist, der werfe den ersten Stein auf sie" (Joh 8,7). Das Gesetz verlangte, dass Zeugen des Verbrechens den ersten Stein werfen (5. Mose 17,7). Wenn jemand einen Stein aufhebt, macht sich diese Person strafbar, weil sie die Identität des Mannes, der am Ehebruch beteiligt war, nicht preisgegeben hat. Und die Strafe für Meineid war die gleiche Strafe wie die für das mutmaßliche Verbrechen (5. Mose 19,18–19). Die Pharisäer verstehen ihr Dilemma und sie gehen weg.

Die Worte, die Jesus an die Frau gerichtet hat, sind wichtig. Er sagt: „Hat dich niemand verdammt? Sie aber sprach: Niemand, Herr. Jesus aber sprach: So verdamme ich dich auch nicht; geh hin und sündige hinfort nicht mehr." (Joh 8,10–11) Jesus bietet sowohl Wahrheit als auch Gnade an. Wahrheit oder Gnade allein ist nicht das Evangelium. Die Wahrheit allein ist zu hart, um gehört zu werden; Gnade allein ignoriert das Gesetz. Jesus sucht

Die Zehn Gebote –

unsere Verwandlung, nicht unsere Überzeugung nach dem Gesetz (Röm 12,2).

∞

Allmächtiger Gott, gnädiger Retter, Geist der Wahrheit, Wir loben dich dafür, dass du der Weg, die Wahrheit und das Leben bist (Joh 14,6). Gewähre uns einen scharfsichtigen Geist, um die Wahrheit zu erkennen, und einen gnädigen Geist, um andere daran teilhaben zu lassen. Dir und dir allein sei die Ehre. Im Namen Jesu, Amen.

∞

Fragen

1. Warum wird Gott oft als der Geist der Wahrheit bezeichnet?

2. Von welchen Arten von falschen Zeugen spricht die Heilige Schrift?

3. Warum ist die Todesstrafe schwer anzuwenden?

4. Welche Lehren lassen sich aus der Geschichte der beim Ehebruch ertappten Frau ziehen?

5. Warum forderte Jesus diejenigen ohne Sünde auf, den ersten Stein zu werfen?

TAG 40: Begehre Nicht (Zehntes Gebot)

Du sollst nicht begehren deines Nächsten Frau.

Du sollst nicht begehren deines Nächsten Haus,

Acker, Knecht, Magd, Rind,

Esel noch alles, was sein ist.

(5. Mose 5,21; 2. Mose 20,17;

4. Mose 7,25; Röm 7,7, 13,9)

Wie viele Ehen und Familien sind schon im Laufe der Zeit durch die Liebe zum Geld zerstört worden? Konflikte über Geld werden oft als Hauptursache für Scheidungen genannt.

Habsucht ist eine Mischung aus Gier und Neid. Gier ist ein extremes Begehr, etwas zu besitzen, während Neid ein extreme Begierde ist, jemand anderes nicht das zu gönnen, was wir für uns haben wollen. In beiden Fällen führt unser Begehren dazu, dass wir andere schlecht behandeln.

Sowohl Gier als auch Neid gehören zu den sieben Todsünden, Thomas von Aquin im 12. Jahrhundert einer Beschreibung aufgeführt hat, die weit bekannt wurde. Aquin listete diese Sünden wie folgt mit ihren lateinischen Namen: Superbia (Stolz), Invidia (Gier), Ira

(Zorn), Accidia (Trägheit), Luxuria (Völlerei), Avarita (Neid), und Gula (Lust; Fairlie, 2006, iv). Thomas von Aquin bezeichnete sie als Todsünden, weil sie zu anderen Sünden führen und das Gegenteil bestimmter Tugenden sind (Aquinas 2003, 317–20). So wie Tugend eine permanente gute Charaktereigenschaft ist, ist ein Laster eine permanente schlechte Charaktereigenschaft.

Jesus prägte ein neues Wort für Habgier (Mammon): „Ihr könnt nicht Gott dienen und dem Mammon" (Lk 16,13; Mt 6,24). Die Bibel transkribierte das griechische Wort „Mammon", dass auch mit „Geldgott" übersetzt werden kann. Der Apostel Paulus bezeichnete Habgier als Liebe zum Geld. Er schrieb:

Denn Geldgier ist eine Wurzel alles Übels; danach hat einige gelüstet und sie sind vom Glauben abgeirrt und machen sich selbst viel Schmerzen. (1 Tim 6,10)

Während Begehrlichkeit ein Laster ist, das Beziehungsschwierigkeiten verursacht, ist Mammon auch Götzendienst. Etwas wird zum Götzendienst—wird zu einem (falschen) Gott—wenn wir es mehr lieben als Gott. Jesus warnt uns:

Niemand kann zwei Herren dienen: Entweder er

wird den einen hassen und den andern lieben, oder er wird an dem einen hängen und den andern verachten. (Mt 6,24)

Hier betreten wir das Reich der Besessenheit und Sucht als Sklaven der Sünde (Joh 8,34).

Wir können von fast allem süchtig sein. Gerald May (1988, 14) schreibt: „Sucht ist ein Zustand von Zwang, Besessenheit, oder Beschäftigung, der den Willen und das Verlangen einer Person versklavt." Zwei Prüfungen können auf potenziell süchtiges Verhalten angewendet werden, um festzustellen, ob eine Sucht vorliegt. Unterbricht das Verhalten die Beziehungen zu den Menschen, die dir am nächsten stehen? Hast du beim Aufgeben Entzugserscheinungen? Glaubst du in diesem Zusammenhang, dass Begierde sich bis zur Sucht steigern kann?

Henry Cloud (2008, 154) hat einen interessanten Vorschlag zum Umgang mit Schmerz gemacht: „Schau dir das Elend und den Kummer an und stelle dann eine persönliche Regel auf, die sie verhindert." In diesem Fall hat Gott den Schmerz in unserem Leben gesehen und uns eine Regel gegeben: Begehre nicht.

Im Allgemeinen bewirken die Zehn Gebote drei Dinge: Sie lindern unseren Schmerz, sie vereinfachen unser Leben, und sie helfen uns, uns den Einen zum Vorbild zu nehmen, dem zu folgen wir beteuern.

∞

Liebender Vater,

Du ernährst die Vögel, die weder säen noch ernten (Mt 6,26). Du schickst den Regen und die Sonne unterschiedslos auf Gerechte und Ungerechte (Mt 5,45). Du machst den Tag und die Nacht, um uns mit Tätigkeiten und mit Schlaf zu segnen (1. Mose 1,5). Wir legen unsere Besessenheiten und Süchte zu deinen Füssen nieder. Heile unsere Beziehungen durch die Kraft deines Heiligen Geistes und erweiche unsere Herzen, damit wir dir mit jedem Tag ähnlicher werden. Im Namen Jesu, Amen.

∞

Fragen

1. Wie würdest du Begehrlichkeit beschreiben?
2. Was ist der Unterschied zwischen Gier und Neid?
3. Nenne die sieben Todsünden.
4. Was ist Mammon? Wer hat den Begriff geprägt?
5. Was sind zwei Hinweise auf Suchtverhalten?

6. Wie können Grenzen gesetzt werden, um das Elend einzuschränken?

7. Was sind drei Dinge, die die Zehn Gebote für uns tun?

SPIRITUELLE DISZIPLINEN

Überblick

Warum ist Musik eine wichtige spirituelle Disziplin?

Warum sollen wir täglich Zeit in Andacht und Gebet verbringen?

Warum sollen wir uns trainieren?

Inwieweit ist Arbeit auch eine spirituelle Disziplin?

Was ist an Ehe und Familie spirituell?

Warum an einer Kleingruppe teilnehmen?

Warum sollen wir am Sabbat ruhen?

Was genau ist Gottesdienst?

Überblick

Spirituelle Disziplinen helfen uns, die Frage zu beantworten: Woher wissen wir überhaupt etwas? Weil wir weder einen physischen noch einen metaphorischen Turm zu Gott bauen können, besonders seit Pfingsten (1. Mose 11,1–9; Apg 2,1–4), arbeitet Gott selbst durch seinen Heiligen Geist mit uns in den spirituellen Disziplinen zusammen, um uns zu helfen, eine Antwort auf diese Frage zu finden. Dies wird manchmal als der Prozess der Heiligung bezeichnet (Phil 3,7–11).

Spirituelle Disziplinen können mindestens drei Zielen dienen. Ein Ziel ist es, Hindernisse zu beseitigen, die unsere Beziehung zu Gott beeinträchtigen—also z.B. unsere Sünden. Ein weiteres Ziel ist es, auf einen besonderen Gnadenweg zu reagieren, den Gott uns auf einzigartige Weise gegeben hat. Ein weiteres Ziel besteht darin, den Prozess der Versöhnung mit denen zu erleichtern, gegen die wir gesündigt haben.

Zum Beispiel konzentriert sich kontemplatives Gebet darauf, Hindernisse in unserer Beziehung zu Gott abzubauen. Der Theologe Foster (1992, 161–164) unterscheidet drei Schritte im kontemplativen Gebet: Erinnerung (Konzentration unseres Geistes, um vollständig präsent zu werden), Beruhigung unseres Geistes, und spirituelle Ekstase—Gottes Antwort.

Im Gegensatz dazu sieht der Theologe Gary Thomas (2010, 7, 83, 211) neun spirituelle Persönlichkeitstypen, die uns zur Gnade Gottes führen: Naturforscher, Gefühlsmenschen, Traditionalisten, Asketen, Aktivisten, Betreuer, Enthusiasten, Kontemplative und Intellektuelle. Zum Beispiel erlebt der Traditionalist Gott durch drei Hauptelemente: Ritual, Symbol und Opfer. Im Gegensatz dazu ist die Predigt für Intellektuelle nicht nur ein Teil des Gottesdienstes—sie ist Gottesdienst schlechthin.

Der Versöhnungsprozess wird selten als separate spirituelle Disziplin behandelt, muss jedoch in viele Disziplinen einfließen und kann sogar Teil der Kirchenpolitik sein. Wir sehen diesen Prozess zum Teil im christlichen Dienst, in Arbeitsbeziehungen, in unseren Ehen, in unseren Kleingruppen und in unserem Gottesdienst angesprochen. Würden die spirituellen Disziplinen nach Notwendigkeit geordnet werden, würde die Versöhnung eindeutig ganz oben auf der Liste stehen.

Für Presbyterianer betont die Kirchenpolitik die

Versöhnung durch Gruppenentscheidungen. Fast jede Entscheidung im Gemeindeleben erfordert die Zustimmung und Aufsicht eines Ausschusses. Indem Versöhnung in grundlegende Entscheidungsprozesse eingebaut wird, wird die Notwendigkeit, eine bestimmte spirituelle Disziplin zu praktizieren dementsprechend geringer. Wenn jedoch besondere Probleme auftreten, kann die Versöhnung ein gesondert hervorgehobener Prozess sein, der manchmal als Friedensstiftung bezeichnet wird (Röm 12,18; Sande 2004, 22).

∞

Heiliger und liebevoller Vater,
Du bist das Alpha und das Omega, der Anfang und das Ende; du stehst außerhalb der Zeit, aber du erhältst sie und sorgst für sie und kommst zu uns in der Person Jesu. Vergib uns unsere Sünden und hilf uns, offen für deinen Geist und wachsam für dein Kommen zu bleiben. Bereite unsere Herzen durch die Kraft deines Heiligen Geistes auf deinen Dienst vor. Im Namen Jesu, Amen.

TAG 41: Warum ist Musik eine wichtige spirituelle Disziplin?

> *Damals sangen Mose und die Israeliten dies Lied dem HERRN und sprachen: Ich will dem HERRN singen, denn er ist hoch erhaben; Ross und Reiter hat er ins Meer gestürzt.*
>
> (2. Mose 15,1)

Warum klingt der Bericht der Heiligen Schrift über die Heilsgeschichte oft wie ein Musikvideo? Ein Grund dafür ist, dass Musik wichtige Übergänge in der Erzählung der Heiligen Schrift markiert. Lobgesänge begleiten zum Beispiel sowohl die Rettung Israels vor den Ägyptern nach der Überquerung des Roten Meeres als auch ihren Einzug in das Gelobte Land (2. Mose 15,1–21; 5. Mose 32,1–43). Hannahs Lied feiert die Geburt des Propheten Samuel (1 Sam 2,1–10). Lieder stehen auch am Anfang und am Ende des Neuen Testaments (Lk 1,46–45; 2,14; Offb 19,5–8).

Musik ist als spirituelle Disziplin etwas Besonderes, weil sie dazu beiträgt, unsere Herzen und Gedanken zu vereinen und auf einzigartige Weise christliche Freude zum Ausdruck bringt. Dietrich Bonhoeffer soll

Spirituelle Disziplinen – 189

seinen Studenten einmal gesagt haben: „Wenn Sie Pfarrer werden wollen, dann müssen Sie Weihnachtslieder singen!" (Metaxas 2010, 129). Gott hat uns souverän erschaffen und gerettet. Wir antworten darauf mit Lob und Preis. Unser Verstand weiß, dass unsere Schuld nicht mehr zurückgezahlt werden kann, und unsere Herzen jubeln aus den Tiefen unseres Seins. Wir werden vom König der Könige geliebt und möchten es der ganzen Welt mitteilen! Worte allein reichen dazu nicht aus. Heilige Lieder binden unsere Herzen und Gedanken zu einer Einheit zusammen. Chormusik ist etwas Besonderes, weil sie unser Herz und Gedanken zu einer sonst selten gesehenen Einheit verbindet.

Diese Einheit von Herz und Verstand in der Musik ist so vollständig, dass sie uns nicht erlaubt, eines dem anderen vorzuziehen (Elliott 2006, 86). Selbst Instrumentalmusik vermittelt komplexe Formen und Themen mit tiefer Emotion. Da wir alle Lieder haben, die wir auswendig gelernt haben, ist Musik eine Form der Meditation, die von ziemlich jedem praktiziert wird. Wir wiederholen und merken uns heilige Lieder, die dann definieren, wer wir sind, wer wir waren und wer wir sein werden.

Geistliche Musik ist eine besondere Gabe Gottes, die unsere Herzen und Gedanken zu ihm hinzieht.

∞

Vater Gott,

Wir loben dich mit Liedern unser ganzes Leben lang. Wir dienen dir gerne und treten mit Gesang in deine Nähe. Wir erinnern uns, dass du Gott bist: du hast uns gemacht; wir gehören dir; wir sind dein Volk—die Schafe eines Hirten. Wir kommen mit Danksagung in die Kirche und vertrauen deinem Urteil. Dein Lob erfüllt unsere Herzen und wir segnen deinen Namen. Dein Lob erfüllt unsere Herzen und wir segnen deinen Namen. Denn du bist gut und deine Liebe lässt uns nie im Stich—auch wenn wir selbst vergehen (Ps 100). Im Namen des Vaters, des Sohnes und des Heiligen Geistes, Amen.

∞

Fragen

1. Was ist allen bedeutenden Ereignissen der Heilsgeschichte gemeinsam?
2. Welche zwei Elemente kommen in der Musik zusammen?
3. Was ist das Besondere an Chormusik?

4. Was ist eine spirituelle Disziplin? Welchen Zielen dienen spirituelle Disziplinen unter anderem?

5. Inwiefern ist Musik wie Meditation?

TAG 42: Warum sollen wir täglich Zeit in Andacht und Gebet verbringen?

*Und er heilte viele, die an mancherlei Krankheiten litten,
und trieb viele Dämonen aus ...
Und am Morgen, noch vor Tage,
stand er auf und ging hinaus.
Und er ging an eine einsame Stätte
und betete dort.*

(Mk 1,34–35)

Jesus hat uns das Beispiel von täglichem Gebet vorgeführt. Das Lukasevangelium verzeichnet die meisten Situationen, in denen Jesus betet. Das erste Gebet ist während seiner Taufe, als Jesus vom Heiligen Geist in Form einer Taube gesalbt wurde (Lk 3,21–22). Wenn sich Menschenmengen nach Heilungswundern versammelten, zog sich Jesus zum Beten an einen einsamen Ort zurück (Lk 5,15). Als die Pharisäer ihn wegen einer Heilung am Sabbat angriffen, stieg Jesus auf einen Berg und betete die ganze Nacht. Am folgenden Tag wählte er in einer der wichtigsten Entscheidungen seines Wirkens die zwölf Apostel aus (Lk 6,12). Während er allein unter den Jüngern betete, stellte Jesus die Frage: „Wer, sagen die Leute, dass ich sei?" (Lk 9,18). Beim Beten mit Petrus, Johannes, und Jakobus auf einem Berggipfel wurde Jesus verklärt (Lk 9,28). Jesus betete, als die Jünger ihn baten: „Herr, lehre uns beten" (Lk 11,1). In der Nacht vor seinem Tod betete Jesus im Garten Gethsemane (Lk 22,41).

Die Gebete von Jesus im Lukasevangelium haben zweierlei gemeinsam: Jesus betete oft allein und er betete immer in kritischen Momenten in seinem Wirken. Bezeichnenderweise war Gott in zwei der sieben Gebete Jesu, die im Lukasevangelium aufgezeichnet sind, sichtbar oder hörbar anwesend. In der Apostelgeschichte sehen wir auch Petrus und Paulusregelmäßig beten und beide erleben wichtige Visionen im Gebet (Apg 9,11;10,9). Diese wenige Beispielen zeigen uns, dass Gott auf Gebete antwortet.

Jesus ist nicht unser einziges Vorbild fürs Beten. Unser erstes Gebetsvorbild kommt schon im Buch Genesis vor. Gott erscheint dem heidnischen König Abimelech in einem Traum, und in diesem Traum weist Gott ihn an, Sarah an Abraham zurückzugeben und Abraham zu bitten, für seine Heilung zu beten. Abimelech gehorcht Gottes Anweisungen. Abraham legt dann im Gebet Fürsprache für Abimelech ein und Gott heilt ihn (1. Mose

20,7–17). Offensichtlich kümmert sich Gott auch um Heiden und bittet uns, wie Abraham, für sie zu beten. Und dies ist das erste Gebet in der Heiligen Schrift!

Gebet ist auch in den Psalmen wichtig. Der 51. Psalm ist zum Beispiel ein Beichtgebet. König David bittet Gott um Vergebung nach seiner ehebrecherischen Affäre mit Batseba und der Ermordung ihres Mannes, Uria, dem Hetiter (2 Sam 11). Der 51. Psalm ist für Christen wichtig, weil Jesus von König David abstammt (Mt 1,6–17). Für Juden ist dieser Psalm wichtig, weil er um Vergebung für vorsätzliche Sünden bittet, die im mosaischen Bündnis nicht durch Opfer abgedeckt sind.

Der Apostel Paulus ist uns auch ein Vorbild fürs Beten, denn er ermahnt uns: „betet ohne Unterlass" (1 Thess 5,17). Unaufhörliches Gebet legt nahe, dass das tägliche Gebet eine falsche Bezeichnung ist. Was wir tatsächlich mit täglichem Gebet meinen, ist das Gebet am Morgen, das Gebet zu den Mahlzeiten, und das Gebet vor dem Schlafengehen. Gebet beim Laufen, Gebet beim Überlegen von Entscheidungen, Gebet auf dem Weg zur Arbeit . . .

Beten bedeutet, uns Gott zu öffnen. Und man-

Spirituelle Disziplinen

chmal werden sogar Worte gesprochen.

∞

Oh lieb Herr,

Danke, dass du unsere Gebete erhörst. Danke für Visionen, die Trost bringen; für Heilungen, die Schmerzen lindern, und für deine Anwesenheit, die Frieden in unser Leben bringt. Lass meinen Glauben wachsen. Gestalte mich in der Kraft deines Heiligen Geistes nach dem Bild deines Sohnes. Im Namen Jesu, Amen.

∞

Fragen

1. Wo und wann war das erste Gebet, das Lukas für Jesus aufzeichne?

2. Wo und wann betete Jesus normalerweise?

3. Was waren wichtige Anlässe für Jesus zu beten?

4. Was war interessant an dem ersten Gebet, das in den heiligen Schriften aufgezeichnet ist?

TAG 43: *Warum sollen wir uns trainieren?*

Flieht die Hurerei! Alle Sünden, die der Mensch tut,
sind außerhalb seines Leibes;
wer aber Hurerei treibt, der sündigt am eigenen Leibe.
Oder wisst ihr nicht,
dass euer Leib ein Tempel des Heiligen Geistes ist,
der in euch ist und den ihr von Gott habt,
und dass ihr nicht euch selbst gehört?
Denn ihr seid teuer erkauft;
darum preist Gott mit eurem Leibe.
(1 Kor 6,18–20)

Auf welche spirituelle Disziplin sollte ich mich konzentrieren?

Sünde lenkt ab und trennt uns von Gott. Die spirituellen Disziplinen von höchstem Wert zielen auf Sünden ab, für die wir als moderne Menschen besonders anfällig sind—sexuelle Unmoral und Völlerei. Beides sind Sünden gegen den Körper.

Jesus ist ganz eindeutig, wenn er sagt, dass Sünde im Herzen beginnt. Zur Frage des Ehebruchs sagt er: „Wer eine Frau ansieht, sie zu begehren, der hat schon mit ihr die Ehe gebrochen in seinem Herzen" (Mt 5,28).

Auf diese Aussage folgt unmittelbar eine Hyperbel über das Abhacken von Körperteilen, die uns zur Sünde verführen können. Dieser Übergang vom Herzen zum Körper ist ein Beispiel dafür, wie Körper und Geist vereint sind (Macchia 2012, 104).

Das beste Beispiel für die Einheit von Körper und Geist in spirituellen Disziplinen findet sich in Henri Nouwens Buch Reaching Out (deutsch: Der dreifache Weg). Nouwen beschreibt unseren spirituellen Weg als eine Einheit aus drei Dimensionen—die nach innen zu uns selbst, nach außen zu anderen, und nach oben zu Gott gerichtet sind. In uns selbst bewegen wir uns vom einsamen Sein zum zufriedenen Sein im Alleinsein. In unseren Beziehungen zu anderen bewegen wir uns von Feindseligkeit zu Gastfreundschaft. In unserer Beziehung zu Gott bewegen wir uns von der Illusion zum Gebet (Nouwen 1975, 15). Das Paradox dieser Einheit aus drei Dimensionen ist, dass der Fortschritt in einer Dimension den Fortschritt in den anderen erleichtert.

Diese Verbindung des spirituellen Fortschritts in den verschiedenen Dimensionen ist besonders wichtig im Umgang mit den Sünden des Körpers. Sünden gegen den Körper beinhalten ausnahmslos leichte bis schwere

Süchte—zwanghafte Verhaltensweisen, die wir immer wieder wiederholen. Wenn wir uns unsere „kleinen Genüsse" gönnen, breiten sie sich auch auf andere Bereiche unseres Lebens aus. Schlechtes Verhalten wird zu schlechten Gewohnheiten, die dann zu einer schlechten und ungesunden Lebensweise werden.

Ein „Fasten" in gefährdeten Bereichen unseres Lebens kann schlechtes Verhalten früh in diesem Prozess unterbinden. Gerald May (1988, 177) schreibt: „Alles kommt darauf an, damit aufzuhören, sich nicht auf das nächste Suchtverhalten einzulassen, sich nicht der nächsten Versuchung hinzugeben." Körperliche Disziplin dient dementsprechend dazu, unser ganzes System zu reinigen.

Warum sollen wir uns überhaupt irgendwie trainieren? Die einfache Antwort ist, dass dein Körper der Tempel Gottes ist. Wir sind uns selbst und Gott verpflichtet, unseren Tempel sauber zu halten. Eine differenziertere Antwort ist, dass uns die körperlichen Disziplinen die Kraft geben, andere, weniger offensichtliche Bereiche unseres Lebens zu disziplinieren. Körper und Geist sind untrennbar—körperliche Bewegung ist eine Art Strandangriff auf unsere Insel der Sünde (Reynolds 2012). Strandangriffe, wie der auf Iwo Jima während des Zweiten Weltkriegs, sind riskant, aber der Ertrag ist enorm. Es ist seltsam ironisch, dass wir bei Engagement in körperlichem Training und Sport oft weniger Interesse an Essen, Alkohol oder sogar Tabak zeigen, weil wir eben entspannter und selbstbewusster sind.

In der klinischen pastoralen Ausbildung wurde uns beigebracht, auf Abweichungen und Widerspruch zwischen Worten und der Körpersprache der Patienten, die wir besuchten, zu achten. Diese Disharmonie zwischen Worten und Körpersprache ist natürlich ein Maßstab für die Wahrheit. In ähnlicher Weise ist das biblische Paradigma der Schönheit, dass die Wahrheit eines Objekts seiner Erscheinung entspricht (Dyrness 2001, 81). Habe ich schon erwähnt, dass Körper und Geist eng miteinander verbunden sind?

∞

Allmächtiger Vater,
Wir loben dich für das Geschenk des Lebens. Gehe morgens mit uns am Strand spazieren. Lauf mit uns durch friedliche Maisfelder am Abend. Schwimme mit uns, wenn wir Körper und Geist trainieren. Verwandle uns

durch die Kraft deines Heiligen Geistes in dein Volk. Im kostbaren Namen Jesu, Amen.

∞

Fragen

1. Was ist Sünde? Wie hilft es uns bei der Auswahl einer spirituellen Disziplin?

2. Was sind die beiden größten Versuchungen, denen moderne Menschen ausgesetzt sind? Was haben sie gemeinsam?

3. Wo beginnt laut Jesus die Sünde?

4. Wie beschreibt Henri Nouwen die Einheit unseres spirituellen Lebens? Was sind die drei Dimensionen und Bewegungen? Wie sind sie miteinander verbunden?

5. Wie beginnen Süchte? Wie können wir ihnen Einhalt gebieten?

6. Warum ist auch körperliches Training eine spirituelle Disziplin?

TAG 44: Inwieweit ist Arbeit auch eine spirituelle Disziplin?

> *Alles, was ihr tut, das tut von Herzen als dem Herrn und nicht den Menschen, denn ihr wisst, dass ihr von dem Herrn als Lohn das Erbe empfangen werdet.*
> *Dient dem Herrn Christus!*
> (Kol 3,23–24)

Wie schwerwiegend götzendienerische Sünde ist, ist offensichtlich. Wenn unsere Loyalität, Zeit, Energie und unser Geld auf das deuten, was wir wirklich verehren (Giglio 2003, 113), dann ist der Kern unserer götzendienerischen Aktivität sicherlich unsere Arbeit— ob innerhalb oder außerhalb der Kirche, innerhalb oder außerhalb des Hauses. Arbeit ist oft auch eine Quelle von Stress, Furcht und Angst.

Jesus versteht das. An einer Stelle präsentierte er ein Wortbildung von Lilien und Königen und riet seinen Zuhörern dann: „Fragt nicht danach, was ihr essen oder was ihr trinken sollt, und macht euch keine Unruhe ... Trachtet vielmehr nach seinem Reich, so wird euch dies zufallen" (Lk 12,29–31). Mit anderen Worten, Arbeit ist wichtig; das Reich Gottes ist wichtiger.

Die Arbeit, wie die von Gott bestimmt ist, ist mit Würde ausgestattet. Die Bibel beginnt damit, dass Gott wirkt—er erschafft (Welchel 2012, 7). Wenn Christus als Zimmermann zuerst mit seinen Händen gearbeitet hat, dann hat auch unsere Arbeit mit unseren Händen Ehre. Die meisten Jünger arbeiteten als Fischer—glaubst du wirklich, sie rochen nach Lilien, wenn sie nach Hause kamen? Eine der radikalsten Taten Jesu war sein Wirken bei Tisch—er aß und trank mit Leuten, die für ihren Lebensunterhalt arbeiteten (Mt 11,19).

Die Einstellung des Apostels Paulus zur Arbeit ist in zweierlei Hinsicht bedeutsam. Erstens ist unsere Arbeit für unsere menschlichen Vorgesetzten auch Arbeit für Gott (Kol 3,23–24). Zweitens sind viele der Menschen, mit denen wir arbeiten und für die wir arbeiten, unsere Brüder und Schwestern—eine Familie—in Christus. Wie kann jemand die Familie missachten (Phlm 1,16)? Unmöglich! Undenkbar!

Einer der wichtigsten spirituellen Schriftsteller der Kirche war ein behinderter Veteran, der in einer Küche arbeitete. Er schrieb kaum etwas. Aber er in seinem Gebet legte er seine tägliche Arbeit in Gottes Hände. Bruder Lorenz (1982, 23) schrieb: „Wir sollten ihm unsere Arbeit als Opfer darbringen, bevor wir beginnen, und ihm danach für die Ehre danken, die Arbeit um seinetwillen getan zu haben." Er befolgte einfach den Rat des Apostel Paulus: „Betet ohne Unterlass" (1 Thess 5,17). Und die spirituellen Giganten seiner Zeit rannten ihm praktisch die Türe ein.

Ein Kriterium, nach dem wir das abgöttische Potenzial unserer Arbeit beurteilen können, ist die Frage nach der Identität. Wenn du einen neuen Nachbarn oder jemanden auf einer Fete kennen lernst, wie stellt dein Ehepartner dich vor? Aufgrund deiner ehelichen Beziehung, deiner Lieblingssportmannschaft, oder deines Berufs?

Was hält dich auf Trab?

∞

Liebender Vater,

Wir preisen dich dafür, dass du uns mit nützlichen Dingen beschäftigst. Wir loben dich dafür, dass du uns für die Arbeit in deiner Kirche gerüstet hast. Danke, dass du uns neue Augen für unsere Arbeit, unsere Vorgesetzten, und unsere vorrangingen Pflichten geschenkt hast. Die Ernte ist bereit; bereite uns darauf vor, uns unter die Arbeiter einzureihen. Im Namen des Vaters, des Sohnes und des Heiligen Geistes, Amen.

∞

Fragen

1. Wie kann Arbeit zum Mittelpunkt des Götzendienstes werden? Warum?
2. Was sagt Jesus zum Thema Sorgen und Angst?
3. Was verleiht unserer Arbeit Würde?
4. Nenne zwei Möglichkeiten, wie der Apostel Paulus die Einstellung zu unserer Arbeit verwandelt hat?
5. Wie kann Gebet eingesetzt werden, um unsere Arbeit umzuwandeln?
6. Wie kann Arbeit unsere persönliche Identität prägen?

TAG 45: Was ist an Ehe und Familie spirituell?

Wem eine tüchtige Frau beschert ist, die ist viel edler als die köstlichsten Perlen.

(Spr 31,10)

Wie hat dich die Ehe verändert? Wenn du nicht verheiratet bist, wie hat dich die Ehe deiner Eltern beeinflusst? Wenn du nicht verheiratet bist, wie hat dich die Ehe deiner Eltern auf dich ausgewirkt?

Die Schrift beginnt und endet mit der Ehe. In der Schöpfungsgeschichte sehen wir ein Paar, Adam und Eva, zwei Menschen, die einfach füreinander geschaffen sind! Im Buch der Offenbarung informiert uns ein Engel: „Selig sind die, die zum Hochzeitsmahl des Lammes berufen sind" (Offb 19,9). Offensichtlich war die Ehe Gottes Idee (Keller 2011, 13).

Als bedingungsloses Versprechen—bis den Tod uns scheidet— ist die Ehe auch prägend und dient als Muster für andere Bündnisse. Dies impliziert, dass die Ehe an und für sich als spirituelle Disziplin dienen kann.

Die Kommentare des Apostels Paulus zu konfessionsverschiedenen Ehen unterstreichen den prägenden Charakter der Ehe. Paulus berichtet, dass der gläubige

Ehepartner die ganze Ehe für die Kinder heiligt (1 Kor 7,12–14). Paulus sieht die Ehe auch als eine gute Gelegenheit, Zeugnis abzulegen, unseren Glauben zu leben. Paulus fragt: „Denn was weißt du, Frau, ob du den Mann retten wirst? Oder du, Mann, was weißt du, ob du die Frau retten wirst?" (1 Kor 7,16). Mit anderen Worten, Paulus versteht die Ehe eindeutig auch als eine Art der Aufopferung jedes Partners für den anderen. Die Lehre von Jesus über Scheidung und Wiederverheiratung beruht eindeutig nicht auf dem Gesetz des Moses (das Ausnahmen zulässt), sondern vielmehr auf Gottes ewiges Werk in der Schöpfung (z.B. 1. Mose 2,24).

Aber wenn Ehe eine spirituelle Disziplin ist, wie bringt sie uns dann näher zu Gott?

Die Ehe ist aus mindestens drei Gründen prägend für unseren Glauben. Der erste Grund ist, dass Gott die Ehe eingeführt und ihr von Anfang an einen Segen und Auftrag verliehen hat: „Und Gott segnete sie und sprach zu ihnen: Seid fruchtbar und mehret euch und füllet die Erde und machet sie euch untertan und herrschet" (1. Mose 1,28). Gott schuf die Ehe, segnete sie und sagte, sie sei gut—Gott zu gehorchen muss uns ihm näherbringen.

Zweitens ist die Ehe prägend, weil sie mit einem bedingungslosen Versprechen beginnt. Gott ist der, der seine Versprechen auf ewig einhält. In der Ehe ahmen wir unseren Schöpfer nach. Gute Versprechen zu machen und zu halten—auch wenn es wehtut— verwandelt uns und bringt uns Gott näher.

Und drittens ist die Ehe prägend, weil sie uns verantwortlich macht. Unsere Ehepartner kennen uns auf biblische (Bündnis-) Weise! Unsere Schwächen und Sünden wirken sich auf unsere Ehepartner aus und sie lassen uns das auch wissen. Wir sündigen weniger, zum Teil weil unsere Ehepartner uns unsere Sünden bewusst machen—ein Heiligungsprozess, der uns formt—selbst wenn wir nicht Gläubige sind! Ein Teil dieses Prozesses besteht darin, Versöhnungsfähigkeiten zu erlernen, indem wir sie täglich üben, angefangen bei unseren Familien (Eph 5,22–6,10). Wie der Apostel Paulus schrieb: „Und alles, was ihr tut mit Worten oder mit Werken, das tut alles im Namen des Herrn Jesus und dankt Gott, dem Vater, durch ihn" (Kol 3,17).

Diese Liste von Gründen, warum die Ehe prägend

ist, ist besonders interessant, weil Gott die Ehe eingeführt hat noch bevor er das Volk Israel gegründet oder seinen Sohn zum Sterben am Kreuz geschickt hat.

Gott ist nicht irrational. Er weiß, dass die größten Nutznießer der Ehe unsere Kinder sind. Und er liebt sie so sehr wie er uns liebt. Dies ist wahrscheinlich der Grund, warum Gott der Ehe einen so hohen Stellenwert einräumt. Und wir sollten das auch tun.

∞

Allmächtiger und liebender Gott,
Wir loben dich dafür, dass du unsere Ehen gegründet und gesegnet hast. Wir danken dir, dass du uns Kinder schenkst und für die Art und Weise, wie du uns durch und mit unseren Familien verwandelst. Schenke uns durch die Kraft deines Heiligen Geistes die Weisheit und Kraft, Tag für Tag für unsere Ehepartner und unsere Kinder zu sorgen. Im kostbaren Namen Jesu, Amen.

∞

Fragen

1. Warum sollen wir glauben, dass die Ehe Gottes Idee war?
2. Warum glaubte der Apostel Paulus, dass die Ehe auch aus Aufopferung füreinander besteht?

Spirituelle Disziplinen – 209

3. Aus welchen drei Gründen sollte die Ehe als spirituelle Disziplin angesehen werden?

4. Warum räumt Gott der Ehe einen hohen Stellenwert ein?

TAG 46: Warum an einer Kleingruppe teilnehmen?

> *Und sie waren täglich einmütig beieinander im Tempel und brachen das Brot hier und dort in den Häusern, hielten die Mahlzeiten mit Freude und lauterem Herzen und lobten Gott und fanden Wohlwollen beim ganzen Volk. Der Herr aber fügte täglich zur Gemeinde hinzu, die gerettet wurden.*
>
> (Apg 2,46–47)

Die frühe Kirche war eine Kleingruppe. Viele Kirchen bleiben heute freiwillig klein.

Ich machte meine erste Erfahrung mit Kleingruppen in der Oberschule als unser Hauptpastor in den Ruhestand ging und der Jugendleiter seine Stelle aufgab. Über Nacht zerfiel unser aktives Jugendprogramm. Der stellvertretende Pastor sprang ein, um die Lücke zu füllen, aber nur zwei von uns blieben in der Gruppe: mein bester Freund und ich. In meinem letzten Schuljahr konzentrierten wir uns in unserer gemeinsamen Zeit auf zwei Dinge: den Römerbrief und Dietrich Bonhoeffers Buch Nachfolge. Interessanterweise sind mein bester Freund

und ich beide Pastoren geworden.

Die ursprüngliche Kleingruppe ist die Dreifaltigkeit – der Vater, der Sohn und der Heilige Geist, die sich miteinander im göttlichen Tanz, der Perichorese, befinden (Keller 2008, 213–26). Unsere Beziehung zum dreieinigen Gott ist ein wichtiges Beispiel dafür, wie eine liebevolle, gut funktionierende Gemeinschaft aussieht. Da unsere Identität durch unsere Beziehungen zu anderen geprägt wird, trägt jedes Mitglied der Trinität etwas anderes bei (Miner 2007, 116).

Eine weitere grundlegende Kleingruppe ist die Familie. Familien sprechen über alle wichtigen Dinge im Leben. In der Familie lernen wir sprechen, beten und die Heilige Schrift lesen. Unsere Familien lehren uns auch, Witze zu machen, zu lieben, zu streiten und uns wieder zu versöhnen. Mein erster geistlicher Dienst als Erwachsener galt meiner Familie.

Jesus schrieb kein Buch; er gründete eine Kleingruppe. Diese einfache Beobachtung ist bemerkenswert, denn Jesus zog große Menschenmengen an—seine Konzentration auf Disziplinierung und Training der zwölf Jünger erscheint uns daher nicht einleuchtend. Jesus rief die zwölf Jünger zu sich und übertrug ihnen ihre Mission, nachdem er eine ganze Nacht im Gebet verbracht hatte (Lk 6,12). Die Evangelien berichten, wie schwer der Glaubensweg für die Jünger Jesu war. Nicht alle sind auf diesem Weg geblieben (Joh 6,66).

Kleingruppen geben uns Sicherheit und Geborgenheit und helfen uns so, schwierige Veränderungen im Leben zu überstehen (Icenogle 1994, 126–37). Die meisten Tragödien im Leben sind unfreiwillige Veränderungen. Ein frühes biblisches Beispiel dafür ist der Auszug aus Ägypten, gefolgt von einer langen Zeit in der Wüste und dem Einzug in das Gelobte Land (Bridges 2003, 43, 100). Bei solchen Veränderungen rufen wir oft: Herr—warum ich? Aber sie werden auch zu Wachstumschancen für uns, wenn wir beten: Herr—warum hast du mich in diese Zeit und an diesen Ort gebracht? Kleingruppen bieten eine sichere Umgebung, in der wir dieser Frage nachgehen können und wo wir eingeladen sind, miteinander auf die Antwort des Herrn zu warten.

∞

Heiliger Vater,
Wir loben dich für dein göttliches Beispiel des Lebens in der Gemeinschaft. Behüte uns durch alle Veränderungen

Spirituelle Disziplinen – 213

des Lebens. Gib uns Seelenführer für den Weg, die uns helfen, die richtigen Fragen zu stellen, und die bei uns bleiben bis wir das tun. Gewähre uns spirituelle Reiseführen, die uns helfen, die richtigen Fragen zu stellen und bis dahin mit uns durchzuhalten. Lehre uns durch die Kraft deines Heiligen Geistes, Führung anzunehmen und sie anderen auch mit Güte und Barmherzigkeit anzubieten. Im Namen Jesu, Amen.

∞

Fragen

1. Welche Kleingruppenaktivitäten prägten die frühe Kirche?

2. Sind Zahlen immer ein Maßstab für den Erfolg einer Kleingruppe?

3. Was war die ursprüngliche Kleingruppe?

4. Was ist eine Veränderung? Wie viele Teile hat sie?

5. Welche spirituelle Frage kann in einer Veränderung effektiv gestellt werden?

TAG 47: Warum sollen wir am Sabbat ruhen?

Denn der Menschensohn ist Herr über den Sabbat.

(Mt 12,8)

Was ist die erste Sünde in der Bibel?

Die übliche Antwort auf diese Frage ist, dass die erste Sünde geschah, als Adam und Eva vom Baum der Erkenntnis von Gut und Böse aßen (1. Mose 3,6). Eine andere Interpretation weist darauf hin, dass Gott Adam und Eva zwar in 1. Mose 1 erschaffen hatte, sie aber in 1. Mose 2 wenn Gott am ersten Sabbat ruht, gar nicht erwähnt werden (Feinberg 1998, 16). Die erste Sünde in der Schrift wird dann als Unterlassungssünde (Gutes nicht tun) bezeichnet. Diese Sünde wurde begangen, als Adam und Eva sich weigerten, an der Sabbatruhe teilzunehmen. Das war so, als ob Gott eine Party veranstaltete und sie sich weigerten, zu kommen.

Danach eskalierte die Sünde in 1. Mose von Respektlosigkeit zu offener Rebellion. In 1. Mose 3 begehen Adam und Eva ihre erste Tatsünde (Böses tun). In 1. Mose 4 tötet Kain seinen Bruder Abel und Lamech nimmt Rache. In 1. Mose 5 wird Noah—der Mann, dessen Name auf Hebräisch „Ruhebringer" bedeutet—geboren

(Feinberg 1998, 28). In 1. Mose 6 fordert Gott Noah auf, eine Arche zu bauen, weil er plante, als Erwiderung auf das Ausmaß der Verderbtheit und Sünde der Menschen eine Flut zu senden. Nach der Flut blieben nur Noah und seine Familie übrig—ein Wiedererschaffungsereignis (Kline 2006, 221–27).

Ein Hinweis auf diese Interpretation findet sich im Neuen Testament, wo das Reich Gottes mit einer Hochzeit verglichen wird. Jesus erzählt ein rätselhaftes Gleichnis von einem König, der für seinen Sohn ein Hochzeitsmahl veranstaltete. Als das Festessen fertig war, schickte der König seine Diener, um seine Gäste zu informieren. Aber anstatt auf die Erinnerung an die Einladung zu antworten, ignorierten viele der geladenen Gäste die Einladung, und andere begingen Gewalttaten, sogar Morde, gegen die Diener des Königs. Der Höhepunkt dieser Geschichte kommt in Vers 7: „Da wurde der König zornig und schickte seine Heere aus und brachte diese Mörder um und zündete ihre Stadt an" (Mt 22,7).

Wenn wir die Sabbatruhe als einen Vorgeschmack auf das Reich Gottes behandeln, kann dieses Gleichnis eine Allegorie für die erste Sünde sein, in der Adam und Eva die Einladung Gottes ablehnten, sich ihm am ersten Sabbat anzuschließen. Nach dieser Interpretation war die Erbsünde die verächtliche Ablehnung der großzügigen Einladung Gottes am siebten Tag. Die Tatsache, dass das Gleichnis vom Hochzeitsmahl ein Gleichnis vom Jüngsten Gericht ist, erinnert nachdrücklich daran, dass Gott viel daran liegt, dass wir mit und in ihm ruhen.

Die Sabbatruhe ist für Gott so wichtig, dass sie das vierte und längste der Zehn Gebote ist, die Moses gegeben wurden (2. Mose 20,8–11). Warum war dieses Gebot für das jüdische Volk so wichtig? Freie Menschen ruhen sich aus; Sklaven arbeiten. Die Erfahrung der Sklaverei in Ägypten und später in Babylonien erinnerte die Israeliten daran, dass Ruhe ein Privileg ist, das man nicht immer genießt.

Sind wir ein freies Volk? Ruhen wir uns aus? Ruhen wir in Gott?

Jesus bezeichnete sich selbst als den Herrn des Sabbats, nicht um ihn abzuschaffen, sondern um ihn wieder auf Gottes Willen für unser Leben auszurichten. Die Sabbatruhe ist ein Tor zu den anderen spirituellen

Spirituelle Disziplinen –

Disziplinen, weil sie es einfacher macht, den anderen Disziplinen nachzugehen. Ausgeschlafene Menschen haben die Energie, sich um andere zu kümmern. Erschöpfte Menschen haben kaum Kräfte genug, an Gott und ihre Mitmenschen zu denken.

Verwirrung über den Sabbat entsteht teilweise, weil der jüdische Sabbat der letzte Tag der Woche war, während Christen den Sabbat am ersten Tag der Woche feierten (Chan 2006, 81). Pastoren und andere, die sonntags arbeiten müssen, legen oft einen anderen Tag als ihren Sabbat fest und informieren ihre Familie und Freunde davon. Es geht darum, jede Woche einen Tag zu weihen, um Gott zu ehren und in ihm zu ruhen.

∞

Gnädiger Vater,

Ruhe dich mit uns aus. Gib uns die Energie, uns um andere zu kümmern. Lasse uns jede Woche einen Tag darauf konzentrieren, dein Volk zu sein und deiner Liebe zu unseren Mitmenschen zu modellieren. In Namens des Vaters, des Sohnes, und des Heiligen Geistes, Amen.

∞

Fragen

1. Was war die erste Sünde in der Schrift?

2. Was unterscheidet eine Unterlassungssünde von einer Tatsünde?

3. Was ist eine Allegorie?

4. Warum ist die Sabbatruhe in der jüdischen Geschichte wichtig? Warum ist sie Gott wichtig?

5. Inwiefern ist die Sabbatruhe ein Tor zu den spirituellen Disziplinen?

TAG 48: Was genau ist Gottesdienst?

Fallen die vierundzwanzig Ältesten nieder vor dem,
der auf dem Thron sitzt,
und beten den an, der da lebt von Ewigkeit zu Ewigkeit,
und legen ihre Kronen nieder vor dem Thron und sprechen:
Herr, unser Gott, du bist würdig, zu nehmen Preis
und Ehre und Kraft;
denn du hast alle Dinge geschaffen,
und durch deinen Willen waren sie
und wurden sie geschaffen.
(Offb 4,10–11)

Wenn es darum geht, unser Augenmerk ganz auf Gott zu richten, dann ist die Anbetung die allererste der spirituellen Disziplinen. Tatsächlich wurden wir dazu geschaffen, Gott zu huldigen und anzubeten (Calhoun 2005, 25).

Leider zeigt das erste Bild der Anbetung in der Bibel auch unangemessene Anbetung. Kain brachte Gott Früchte; Abel schlachtete die Erstgeborenen seiner Herde und brachte Gott die fetten Portionen. Gott nahm Abels Opfer an, aber nicht das von Kain (1. Mose 4,3–5). Unangemessene Anbetung ist so, als ob du deinen

Vorgesetzten zu dir nach Hause einladen und dann nur Essensreste servieren würdest—du wirst vielleicht nicht gefeuert, aber deine Beziehung zu deinem Vorgesetzten wird sicher schlechter werden.

Einer der ersten Diakone der Kirche, Stephanus, wurde in Jerusalem verhaftet und vor den Sanhedrin (Hoher Rat) gebracht. Stephanus beschuldigte den Sanhedrin den Zugang zu Gott im Tempel eingeschränkt, die Propheten getötet, Christus verraten und ermordet zu haben und folglich das Gesetz nicht eingehalten zu haben. Unangemessene Anbetung—die Einschränkung des Zugangs zu Gott—war die erste Anschuldigung, die Stephanus vorbrachte. Dafür und für andere Dinge wurde Stephanus festgenommen und gesteinigt (Apg 7, 48–58).

Bei seiner Anschuldigung ging es Stephanus nicht um Altaropfer. Als die Israeliten in Ägypten lebten, mussten sie manchmal in die Wildnis gehen, um Opfer darzubringen, weil sie Tiere opferten, die den Ägyptern heilig waren (2. Mose 8,26). Der Sinn des Opfers bestand darin, die Loyalität gegenüber Gott unter Beweis zu stellen, indem man die jeweils gerade üblichen und beliebten

Götzen aufgab (3. Mose 17,7; Hahn 2009, 150).

Im Laufe der Zeit verloren die Opfer jedoch ihre Bedeutung, wurden pure Routine oder, schlimmer noch, sie sahen mehr und mehr wie Bestechung Gottes aus—unangemessene Anbetung (Jes 1,13; Mal 1,8). An den Propheten Jesaja (Jes 1,16) erinnernd schreibt König David: „Die Opfer, die Gott gefallen, sind ein geängsteter Geist, ein geängstetes, zerschlagenes Herz wirst du, Gott, nicht verachten" (Ps 51,19). Der Inhalt der Anbetung, nicht ihre Form, macht die Anbetung angemessen oder unangemessen.

Ein wichtiges Bild der richtigen Anbetung sehen wir im 4. Kapital der Offenbarung des Johannes (10–11), wo die vierundzwanzig Ältesten ihre Kronen vor Gottes Thron niederlegen. Im Himmel legen die Ältesten die Kronen nieder, die ihnen von Gott gegeben wurden, und sie tun es in Demut (z. B. Offb 2,10). Auf der Erde ist eine Krone ein Symbol (ein Götzenbild) unserer Eitelkeit— eine auffällige Darstellung von persönlichem Reichtum, Macht und Autorität—und dazu muss die Krone noch nicht einmal eine goldene Tiara sein! Wenn ich meine Kronen dem König der Könige zu Füssen lege, übergebe ich Gott alle meine Götzen—Geld, Macht und Autorität. „Wie im Himmel so auf Erden" (Mt 6,10)—dies ist der höchste Akt der Anbetung.

Wie legen wir dann unsere Kronen richtig vor dem Herrn nieder?

Richtige Anbetung ist ein götzenzerstörendes Ereignis. Der Prophet Mohammed (1934, 21.51.66) schrieb, dass Abrahams Vater Götzenbilder und -Statuen herstellte. Eines Tages, als sein Vater weg war, zerschmetterte Abraham alle bis auf das größte Idol in seines Vaters Laden. Als sein Vater zurückkehrte und ihn zur Rede stellte, sagte Abraham seinem Vater, er solle den verbliebenen Götzen fragen, was passiert sei. Sein Vater antwortete—du weißt, dass Götzen nicht sprechen können. Abraham antwortete daraufhin mit der Frage: Warum betest du etwas anderes als den lebendigen Gott?

In der Anbetung demonstrieren wir unsere Loyalität gegenüber Gott, indem wir Gott die Götzen übergeben, die unsere Herzen am meisten erobern—unser Geld, unsere Macht und unsere Autorität. Für manche bedeutet die Götzen niederlegen, Schecks für die Kirche oder dergleichen auszustellen; andere opfern Zeit für ehrenamtliche Tätigkeit. Und für wieder andere Leute bedeutet es, sauber und nüchtern zum Gottesdienst zu erscheinen. Für die meisten von uns bedeutet es, unsere Familien mitzubringen. Für uns alle bedeutet es, zur Lobpreisung Gottes beizutragen. Der Gottesdienst ist eine bunte Mischung aus Andacht und Lobpreisung Gottes.

Wenn wir über unseren Stolz und unsere Götzenbilder hinweg auf Gott schauen, legen wir unsere Kronen nieder und beten Gott wahrhaftig an.

∞

Allmächtiger Vater,

Wir loben dich dafür, dass du bist und dafür, dass du unseres Lobes würdig bist. Ziehe uns nah an dich heran. Versöhne uns mit unseren Nachbarn. Hilf uns, unsere Kronen dir zu Füssen zu legen und ganz in dir zu ruhen. Durch die Kraft deines Heiligen Geistes öffne unsere Herzen, erleuchte unseren Geist, stärke unsere Hände zu deinem Dienst. Im Namen Jesu, Amen.

∞

Fragen

1. Warum sollte der Gottesdienst als vorrangige geistliche Disziplin genannt werden?

2. Welche biblischen Beispiele für unangemessene An-

betung gibt es?

3. Was bedeutet es, unsere Kronen vor dem Thron Gottes niederzulegen?

4. Inwiefern hat Anbetung Opfercharakter? Was hat Anbetung mit dem Zerschlagen von Götzen zu tun?

SCHLUSSFOLGERUNGEN

Was sind die großen Glaubensfragen?

Wie können wir unseren Weg mit dem Herrn hegen und pflegen?

TAG 49: Was sind die großen Glaubensfragen?

*Denn also hat Gott die Welt geliebt,
dass er seinen eingeborenen Sohn gab,
auf dass alle, die an ihn glauben, nicht verloren werden,
sondern das ewige Leben haben.*

(Joh 3,16)

Wie beantwortet der Christ die vier großen Glaubensfragen:

1. Wer ist Gott? (Metaphysik)
2. Wer sind wir? (Anthropologie)
3. Was sollen wir tun? (Ethik)
4. Wie wissen wir das und wie wissen wir überhaupt irgendetwas? (Epistemologie; Kreeft 2007, 6)

Das Apostolische Glaubensbekenntnis, das Vaterunser und die Zehn Gebote geben uns wahre Erkenntnisse.

Wer ist Gott? Im Apostolischen Glaubensbekenntnis ist Gott ein Gott in drei Personen—Vater, Sohn und Heiliger Geist—die wir durch die Geschichte von Jesus, wie sie in der Heiligen Schrift offenbart ist, kennen können. Im Vaterunser formt uns Gott durch seine souveräne Herrschaft über die ganze Schöpfung Tag für Tag nach seinem Bild, während wir ihm in unserem Lebenswandel gehorsam sind. In den Zehn Geboten schließt Gott mit uns den höchsten Bund, in dem seine Liebe zu uns durch konkrete Führung ausgedrückt ist. Der dreieinige Gott lebt und wirkt in der Welt, um die Kirche zu formen, Sünden zu vergeben, und uns wieder neues Leben zu schenken.

Wer sind wir? Das Apostolische Glaubensbekenntnis lädt uns ein, mit dem dreieinigen Gott in Beziehung zu treten und an der Geschichte Jesu teilzunehmen. Das Vaterunser betrachtet uns als von Gott nach seinem Bild geschaffen, und das allein gibt uns Würde und Wert, die uns innewohnen. Allerdings sind wir aufgrund des Einflusses der Sünde nur unvollkommene Ebenbilder Gottes. In den Zehn Geboten leitet Gott eine Bündnisbeziehung mit uns ein, die uns klare Leitlinien für ein Leben gibt, das ihm gefällt.

Was sollen wir tun? Das Apostolische Glaubensbekenntnis zeigt uns ein detailliertes Bild von Gott, insbesondere im Leben und Werk von Jesus Christus, und ermahnt uns so, an sein Leben, Tod, und Auferstehung zu glauben und ihm nachzueifern (Phil 3,9–11). Im Vaterunser können wir direkt mit Gott kommunizieren und dann Gottes Bild in die Welt tragen. In den Zehn Geboten leitet uns das Gesetz im täglichen Leben in unserem konkreten Handeln.

Wie wissen wir das? Das Apostolische Glaubensbekenntnis erinnert uns daran, dass wir mit der Kirche durch alle Zeitalter hindurch vor einem heiligen und liebenden Gott stehen. Die Heilige Schrift gibt uns die Zehn Gebote und das Vaterunser. Der Heilige Geist inspirierte die Autoren der Heiligen Schrift und erleuchtet unser Verständnis wenn wir sie lesen. Die Göttlichkeit Christi verankert die Heilige Schrift, weil Jesus sein Vertrauen in sie zum Ausdruck gebracht hat (Mt 5,18). Wie Jesus prophezeite—„Wenn diese schweigen werden, so werden die Steine schreien"—hat die archäologische Forschung die Echtheit vieler Ereignisse und Orte in der Heiligen Schrift bestätigt (Lk 19,40; Zondervan, 2005).

Unser Glaube an Gott ist eigentlich paradox (1 Kor 13,4). Wie ein Kind, das aufgrund des wachsamen Auges seiner Eltern ohne Sorge spielen kann, sind wir in Christus frei, nach Gottes Willen für unser Leben zu leben. In Christus wird die Kluft von Zeit, Raum, und Heiligkeit zwischen uns und Gott überbrückt. Freiheit in Christus bringt dementsprechend Ruhe für unsere Seelen (Mt 11,29).

∞

Himmlischer Vater, geliebter Sohn, Heiliger Geist,
Wir danken dir, dass du uns nicht allein lässt und dich um uns kümmerst. Inspiriere unsere Herzen und erleuchte unseren Geist, damit wir Licht in eine dunkle und verwirrende Welt bringen können. Im kostbaren Namen Jesu, Amen.

∞

Fragen

1. Was sind die vier großen Glaubensfragen?
2. Wie helfen uns die Zehn Gebote, das Vaterunser, und das Apostolische Glaubensbekenntnis diese Fragen zu verstehen?
3. Wie würdest du diese Fragen in deinen eigenen Worten beantworten?

TAG 50: Wie können wir unseren Weg mit dem Herrn hegen und pflegen?

> *So zieht nun an als die Auserwählten Gottes,*
> *als die Heiligen und Geliebten,*
> *herzliches Erbarmen, Freundlichkeit,*
> *Demut, Sanftmut, Geduld;*
> *und ertrage einer den andern*
> *und vergebt euch untereinander,*
> *wenn jemand Klage hat gegen den andern;*
> *wie der Herr euch vergeben hat, so vergebt auch ihr!*
> *(Kol 3,12–13)*

Wir müssen unseren Lebensweg mit dem Herrn hegen und pflegen, aber die Kontrolle darüber liegt nicht in unseren Händen. „Nachfolge bedeutet, an Christus festzuhalten" (Bonhoeffer 1995, 59).

Jesus erzählt die Geschichte eines Mannes mit zwei Söhnen. Der jüngere Sohn kam eines Tages zu seinem Vater und bat ihn um Auszahlung seines Erbes in bar. Dann nahm er das Geld, verließ die Stadt und begann, auf großem Fuß zu leben. Dieser rücksichtslose Lebensstil konnte nicht lange anhalten, und bald musste der junge Mann einen Job finden. Da er keine Pläne gemacht hatte und nicht vorbereitet war, musste er niedrige Arbeit hinnehmen. Als er bei der Arbeit seine Gedanken schweifen ließ, erinnerte er sich an sein gutes Leben zu Hause und beschloss, seinen Vater zu bitten, ihn wieder aufzunehmen, wenn auch nur als Hausdiener. Als der Vater sah, dass sein Sohn zurückkam, ging er ihm entgegen und nahm ihn in seine Arme. Als sich der Sohn für sein schreckliches Verhalten entschuldigte, wollte sein Vater nichts davon hören. Er nahm seinen Sohn, säuberte ihn, besorgte ihm neue Kleidung, und veranstaltete eine Party für ihn. Als der ältere Bruder später nach Hause kam und die Party sah, wurde er eifersüchtig und begann, sich schlecht zu benehmen. Aber sein Vater ermahnte ihn: „Du solltest aber fröhlich und guten Mutes sein; denn dieser dein Bruder war tot und ist wieder lebendig geworden, er war verloren und ist wiedergefunden" (Lk 15,32).

Die Geschichte vom verlorenen Sohn zeigt einen jungen Mann, der eine Reihe von Herausforderungen—Veränderungen in seinem Leben—durchgemacht hat, die es ihm ermöglichten, seinen Vater mit neuen Augen zu sehen und die Hilfe seines Vaters anzunehmen (Turansky und Miller 2013, 4). Ohne diese Herausforderungen hätte er die Kluft zwischen sich selbst und seinem Vater nicht überbrücken können.

Für viele von uns beinhalten oft Krankenhausaufenthalte solche Veränderungen. Krankenhausaufenthalte beginnen normalerweise mit einem Gesundheitsproblem, das zu einer oftmals verwirrenden medizinischen Behandlung führt und dann endlich auch zur Rückkehr zum Leben draußen. Dabei ist aber oft das Gesundheitsproblem selbst nur ein Symptom und nicht die eigentliche Ursache des Krankenhausaufenthalts. Das eigentliche Problem kann die Trauer über den Tod eines Familienmitglieds, ein ungelöstes Trauma aus der Vergangenheit, oder eine ungesunde Lebensweise sein. Da Leugnung des eigentlichen Problems seine Lösung außer Reichweite rückt, sterben viele Menschen unnötigerweise an vermeidbaren Krankheiten und behandelbaren Beschwerden.

Unser Glaubensweg ist auch wie durch Wolken verdeckt. Wir alle leugnen, dass wir die Gnade Gottes nötig haben und stolpern über sehr unangenehme Hindernisse—insbesondere Stolz, andere Sünden, und unsere eigene Sterblichkeit—die aus dem Weg geschafft werden müssen, damit wir uns von der begrenzten Ausrichtung auf uns selbst befreien können. Nur wenn wir Gottes Gnade annehmen, können wir die notwendigen Schritte des Gehorsams unternehmen.

Die Geschichte vom verlorenen Sohn versichert uns, dass unser himmlischer Vater bestrebt ist, uns zu vergeben, sich darum sorgt, dass wir Schritte des Gehorsams unternehmen, und darauf bedacht ist, die Kluft zu überbrücken, die wir selbst nicht überbrücken können.

∞

Liebender Vater,
Danke, dass du uns vergibst und uns als Söhne und Töchter wieder aufgenommen hast. Gewähre uns lernwillige Herzen, verständigen Geist, und Kraft für jeden neuen Tag. Enthülle uns durch die Kraft deines Heiligen Geistes die Hindernisse, die unserem Fortschritt als deine treue Diener im Weg stehen. Im kostbaren Namen Jesu, Amen.

∞

Fragen
1. Wem gehört unser spiritueller Weg und wer hat die Kontrolle darüber?
2. Was ist die Glaubenslehre für uns in der Geschichte

des jungen Sohnes?

3. Was haben alle in der Kirche gemeinsam?

4. Was ist ein Hindernis auf dem Glaubensweg? Sind solche Hindernisse für uns offensichtlich? Wie lernen wir über unsere Hindernisse?

5. Wie führt ein Krankenhausaufenthalt auch zu einer Veränderung? Was hat das mit unserem Glaubensweg zu tun?

VERWEISE

Aquinas, Thomas. 2003. On Evil (Orig Pub 1270). Translated by Richard Regan. Edited by Brian Davies. New York: Oxford University Press.

Alcorn, Randy. 2006. 50 Days in Heaven: Reflections that Bring Eternity to Life. Carol Stream, IL: Tyndale House Publishers, Inc.

Arendt, Hannah. 1992. Lectures on Kant's Political Philosophy. Chicago: University of Chicago Press.

Bainton, Roland H. 1995. Here I Stand: A Life of Martin Luther. New York: Penguin.

Bauer, Walter (BDAG). 2000. A Greek-English Lexicon of the New Testament and Other Early Christian Literature. 3rd ed. Ed. Frederick W. Danker. Chicago: University of Chicago Press. <BibleWorks. v.9.>.

Benner, David G. 2203. Sacred Companions: The Gift of Spiritual Friendship & Direction. Downers Grove, IL: IVP Books.

BibleWorks. 2011. Norfolk, VA: BibleWorks, LLC. <BibleWorks v.9>.

Billings, J. Todd. 2009. Calvin, Participation and the Gift: The Activity of Believers in Union with Christ. New York: Oxford University Press.

Bonhoeffer, Dietrich. 1995. The Cost of Discipleship (Orig. pub. 1937). New York: Simon and Schuster.

Bridges, Jerry. 1996. The Pursuit of Holiness. Colorado Springs: NavPress.

Bridges, William. 2003. *Managing Transitions: Making the Most of Change*. Cambridge, MA: Da Capo Press.

Calhoun, Adele Ahlberg. 2005. *Spiritual Disciplines Handbook: Practices that Transform Us*. Downers Grove, IL: IVP Books.

Calvin, John. 2006. *Institutes of the Christian Religion (Orig Pub 1559)*. Edited by John T. McNeill. Translated by Ford Lewis Battles. Louisville, KY: Westminster John Knox Press.

Card, Michael. 2005. *A Sacred Sorrow: Reaching Out to God in the Lost Language of Lament*. Colorado Springs: NavPress.

Chan, Simon. 1998. *Spiritual Theology: A Systemic Study of the Christian Life*. Downers Grove, IL: IVP Academic.

Chan, Simon. 2006. *Liturgical Theology: The Church as a Worshiping Community*. Downers Grove, IL: IVP Academic.

Cloud, Henry. 2008. *The One-Life Solution: Reclaim Your Personal Life While Achieving Greater Personal Success*. New York: Harper.

Dyck, Drew Nathan. 2014. *Yawning at Tigers: You Can't Tame God, So Stop Trying*. Nashville: Thomas Nelson.

Dyrness, William A. 2001. *Visual Faith: Art, Theology, and Worship in Dialogue*. Grand Rapids, MI: Baker Academic.

Elliott, Matthew A. 2006. *Faithful Feelings: Rethinking Emotion in the New Testament*. Grand Rapids, MI: Kregel.

Evans, Craig A. 2005. *Ancient Texts for New Testament Studies: A Guide to Background Literature*. Peabody, MA: Hendrickson.

Fairlie, Henry. 2006. *The Seven Deadly Sins Today (Orig Pub 1978)*. Notre Dame, IN: University of Notre Dame Press.

Faith Alive Christian Resources (FACR). 2013. *The Heidelberg Catechism*. Cited: 30 August, 2013. Online: https://www.rca.org/sslpage.aspx?pid=372.

Feinberg, Jeffrey Enoch. 1998. *Walk Genesis: A Messianic Jewish Devotional Commentary*. Clarksville, MD: Lederer Books.

Foster, Richard J., 1992. *Prayer: Find the Heat's True Home*. New York: HarperOne.

Fox, John and Harold J. Chadwick. *2001*. The New Foxes' Book of Martyrs (Orig Pub 1563). Gainsville, FL: Bridge-Logos Publishers.

Giglio, Louie. 2003. *The Air I Breathe*. Colorado Springs: Multnomah Press.

Hahn, Scott W. 2009. *Kinship by Covenant: A Canonical Approach to the Fulfillment of God's Saving Promises*. New Haven, CT: Yale University Press.

Haas, Guenther H. 2004. „*Calvin's Ethics*." In The Cambridge Companion to John Calvin, 93–105. Edited by Donald K. McKim. New York: Cambridge University Press.

Hudson, Robert [Editor]. 2004. *Christian Writers Manual on Style*. Grand Rapids, MI: Zondervan.

Hugenberger, Gordon P. 1994. *Marriage as a Covenant: Biblical Law and Ethics as Developed from Malachi*. Grand Rapids, MI: Baker Academic.

Hugenberger, Gordon P. 1994. *The Lord's Prayer: A Guide for the Perplexed*. Boston: Park Street Church.

Icenogle, Gareth Weldon. 1994. *Biblical Foundations for Small Group Ministry: An Integrational Approach*. Downers Grove, IL: InterVarsity Press.

Josephus, Flavius. 2009. *The Antiquities of the Jews*. Translated by William Whiston. Cited: 30 August 2013. Online: http://www.gutenberg.org/ebooks/2848.

Keller, Timothy. 2008. *The Reason for God: Belief in an Age of Skepticism*. New York: Dutton.

Keller, Timothy and Kathy Keller. 2011. *The Meaning of Marriage: Facing the Complexities of Commitment with the Wisdom of God*. New York: Dutton.

Kline, Meredith G. 1963. *Treaty of the Great King: The Covenantal Structure of Deuteronomy — Studies and Commentary*. Eugene, OR: Wipf & Stock Publishers.

Kline, Meredith G. 2006. *Kingdom Prologue: Genesis Foundations for a Covenantal Worldview*. Eugene, OR: Wipf & Stock Publishers.

Kreeft, Peter. 2007. *The Philosophy of Jesus*. South Bend, IN: Saint Augustine's Press.

Lawrence, Brother. 1982. *The Practice of the Presence of God (Orig Pub 1691)*. New Kensington, PA: Whitaker House.

Lewis, C. S. *1973*. The Great Divorce: A Dream (Orig Pub 1946). New York: HarperOne.

Lewis, C. S. *2001*. Mere Christianity (Orig Pub 1950). New York: Harper Collins Publishers, Inc.

Macchia, Stephen A. 2012. *Crafting a Rule of Life: An Invitation to the Well-Ordered Way*. Downers Grove: IVP Books.

MacNutt, Francis. 2009. *Healing*. Notre Dame, IN: Ave Maria Press.

May, Gerald G. 1988. *Addiction and Grace: Love and Spirituality in the Healing of Addictions*. New York: HarperOne.

Metaxas, Eric. 2010. *Bonhoeffer: Pastor, Martyr, Prophet, Spy—A Righteous Gentile Versus The Third Reich*. Nashville: Thomas Nelson.

Metzger, Bruce M. and Bart D. *Ehrman*. 2005. The Text of the New Testament: Its Transmission, Corruption, and Restoration. New York: Oxford University Press.

Miner, Maureen. 2007. „Back to the basics in attachment to God: Revisiting theory in light of theology." Journal of Psychology and Theology, 35(2), 112–22.

Mohammed. 1934. *The Holy Qur'an: Text Translation, and Commentary.* Translated by A.Yusuf Ali. Washington DC: The Islamic Center.

Neder, Adam. 2009. *Participation in Christ: An Entry into Karl Barth's Church Dogmatics.* Louisville: Westminster John Knox Press.

Niehaus, Jeffery. 2010. „Covenant and Narrative, God and Time." Journal of the Evangelical Theological Society. 53,3, 535–59.

Nouwen, Henri J. M. *1975.* Reaching Out: The Three Movements of the Spiritual Life. New York: DoubleDay.

Nouwen, Henri J. M. *2002.* In the Name of Jesus: Reflections on Christian Leadership. New York: Crossroad Publishing Company.

Presbyterian Church in the United States of America (PC USA). 1999. *The Constitution of the Presbyterian Church (U.S.A.)*—Part I: Book of Confession. Louisville, KY: Office of the General Assembly.

Reynolds, Steve and MG Ellis. 2012. *Get Off the Couch: 6 Motivators to Help You Lose Weight and Start Living*. Ventura: Regal.

Rice, Howard L. 1991. *Reformed Spirituality: An Introduction for Believers*. Louisville: Westminster John Knox Press.

Rogers, Jack. 1991. *Presbyterian Creeds: A Guide to the Book of Confessions*. Louisville, KY: Westminster John Knox Press.

Rosen, Sidney [Editor]. 1982. *My Voice will Go With You: The Teaching Tales of Milton H. Erickson*. New York: W.W. Norton and Company.

Sande, Ken. 2004. *The Peace Maker: A Biblical Guide to Resolving Personal Conflict*. Grand Rapids, MI: BakerBooks.

Smith, Houston. 2001. *Why Religion Matters: The Fate of the Human Spirit in an Age of Disbelief*. San Francisco: Harper.

Sproul, R.C. 2003. Defending Your Faith: An Introduction to Apologetics. Wheaton, IL: Crossway Books.

Stasssen, Glen H. and David P. *Gushee*. 2003. Kingdom Ethics: Following Jesus in Contemporary Context. Downers Grove, IL: IVP Academic.

Stone, Larry. 2010. *The Story of the Bible: The Fascinating History of Its Writing, Translation, and Effect on Civilization*. Nashville, TN: Thomas Nelson.

Thielicke, Helmut. 1962. *A Little Exercise for Young Theologians*. Grand Rapids, MI: Eerdmans.

Thomas, Gary. 2010. *Sacred Pathways: Discover Your Soul's Path to God*. Grand Rapids, MI: Zondervan.

Trueblood, Eldon. 1964. *The Humor of Christ*. New York: Harper & Row, Publishers.

Turansky, Scott and Joanne Miller. 2013. *The Christian Parenting Handbook: 50 Heart-Based Strategies for All the Stages of Your Child's Life*. Nashville: Thomas Nelson.

U.S. *Census Bureau*. 2011. Statistical Abstract of the United States: 2011. Washington, DC: Government Printing Office.

Wenham, Gordon J., William A. *Heth, and Craig S*. Keener. 2006. Remarriage After Divorce in Today's Church: Three Views. Grand Rapids, MI: Zondervan.

Whelchel, Hugh. 2012. *How Then Should We Work? Rediscovering the Biblical Doctrine of Work.* Bloomington, IN: WestBow Press.

Wilberforce, William. 2006. *A Practical View of Christianity (Orig.* pub. 1797). Ed. Kevin Charles Belmonte. Peabody, MA: Hendrickson Christian Classics; Hendrickson Publishers.

Zondervan. 2005. *NIV Archaeological Study Bible: An Illustrated Walk Through Biblical History and Culture.* Grand Rapids, MI: Zondervan.

SCHRIFTLICHER INDEX

ALTEN TESTAMENT

1. Mose
1,1 .... x, 215
1 .... 11, 144
1,1 .... 8, 11, 46, 115, 151
1,2 .... 10, 71
1,5 182
1,10 38
1,27 .... 18, 19, 38, 159
1,28 .... 20, 207
1,31 108
2 .... 10, 78, 215
2,17 .... 20, 82, 142
2,21–23 169
2,24 207
3 .... 78, 215
3,4 20
3,6 215
3,15 .... 20, 127
3 .... 25,29–34 120
4 .... 78, 129, 215
4,1–8 164
4,3–5 220
4,7 126
4,15 82
5 215
5,1–3 79
5,3 159
6 216
9,11 163
9,28 42
11,1–9 186
12,2 79
14,18 41
20,7–17 194
21, 1–3 45
25,21 45

2. Mose
3, 5 10
3,14 .... 151, 175
8,26 221
15,1 189
15,1–21 189
16,32 119
20,1–2 138
20,3 142
20,3–17 135
20,4–6 147
20,7 .... 106, 151
20,8–11 217
20,12 159
20,13 163
20,14 167
20,15 171
20,16 175
20,17 179
30,10 152

3. Mose
4,22–24 51
11,44 99
17,7 222
19,11 171
20,10 176

4. Mose
5,7 142
5,8–10 147
5,11 151
5,18 167
5,19 171
7,25 179
13 119

5. Mose
5,12–15 155
5,15 157
5,16 .... 159, 160

(5. Mose fuhr fort)

5,17	163
5,21	179
8,3	117
17,7	177
18,18	45
19,18–19	177
21,22–23	50
31,23	40
32,1–43	189
32,1	71

Richter

3,10	70

1. Samuel

1,20	45
2,1–10	189

2. Samuel

7,12–16	46
11	167, 195
12,13–14	168
18,10–18	50

1. Könige

3,16–28	68

1. Chronik

29, 11–13	132

Hiob

1	126
1,6–12	126
19,25	44
42,10	127
26,6	54

Psalmen

1	115
1,1–2	135, 141
1,6	115
6,6	54

(Psalmen fuhr fort)

8,2–3	145
16,1	128
16,10	58
19,1	36
19,2–3	8
23	34
23,2	157
30	168
51	168, 195
51,19	222
68,5	101
95,11	157
100	191
103,2–4	83
115,3–5	148
139,8	54

Sprichwörter

1,7	153
31,10	206

Jesaja

1,13	222
1,16	222
2,1–5	79
7,11	54
7,14	45
9,6	45
11,6	111
62,5	16
64,8	10

Jeremia

18,4–6	9
31,30–31	140
31,33	32, 46

Hesekiel

36,20–23	151

Daniel

7	42

248 – Ein Christlicher Leitfaden zur Spiritualität

Micha
5,2 46

Maleachi
1,8 222
2,14 169

NEUEN TESTAMENT

Matthäus
1,6–17 195
1,18 44
3,2 110
3,10; 4,23 111
3,16 .... 70, 71
4,4 117
4,23 111
5,17–18 26
5,17–20 140
5,18 .... 138, 230
5,21 163
5,23–24 .... 103, 164
5,24 163
5,27 167
5,28 197
5,29–30 169
5,32 169
5,45 182
6,5–7 130
6,7 97
6,7–9 101
6,9 .... 106, 130
6,9–13 95
6,10 .... 110, 114, 160, 223
6,11 117
6,12 121
6,13 .... 68, 126, 130
6,14–15 121
6,24 .... 180, 181
6,26 182
11,10 ...... 62, 110, 114, 160, 223
11,19 203
11,28 156
11,29 231
12,8 .... 156, 215
12,10–14 166
13,30 74
15,4 159
17,9 140
18,21–22, 18,23–35 122
19,18 163

(Matthäus fuhr fort)

19,16–21	140
19,18	171
19,9	169
21,5	36
2,36–40	140
22,7	216
22,36–40	140
22,36–40	136
24, 1–2	42
25,14–28	63
27,51	99
27,51–54	55
28,18–20	140
28,19–20	61

Markus

1,10	71
1,34–35	193
7,10	159
8,27–29	13
10,17	171
10,20	171
10,21	171
14,36	98
15,2	48
15,38	99
16,19	61

Lukas

1, 5–25	45
1,37	44
1,38	45
1,46– 45	189
2,10	111
2,14	189
3,21–22	193
3,22	71
4,1–13	127
5,15	193
6,5	156
6,12	193, 213
7,13	87
9,18	194

(Lukas fuhr fort)

9,28	194
10,1	79
10,18	79
11,1	194
12,29–31	202
13,13	ix
14,27–30	14
15,32	233
16,13	180
19,40	230
22,41	194
23,45	99
24,4	111
24,41–43	88
24,50	61

Johannes

1,32	71
1,51	132
2,6–10	118
2,14–17	165
3,16	228
3,16–17	42
3,36	91
6,5–14	118
6,66	213
8,5	176
8,7	177
8,10–11	177
8,34	181
10,27	76
10,29	128
11,35	87
13,35	79
14,6	4, 178
14,16	70
14,17	70
14,18	102
14,26	71, 72
17,3	92
18,38	176
19,4, 9,19	48

(Johannes fuhr fort)

19,30	45
20,2–29	57
20,21	62
21,17	89
21,22	61

Apostelgeschichte

1,8	62, 79
1,9–11	63
2,1–4	186
2,1–41	33
2,2–4	72
2,27–31	58
2,32	58
2,41	59
2,42–45	80
2,46–47	211
7, 48–58	221
7,60	123
8,3	57, 91
8,3–5	57
9,11;10,9	194
17,30–31	63, 145
17,31	59
21,26–32	99
22,20	124
24,6–27	49

Römer

1,21–23	107
5,6	48, 143
7,7, 13,9	179
8,2	70
8,28	38
9,18	2
10,9–10	91
12,2	178
13,9	163, 167, 171
15,5	70

1. Korinther

13,4	230
6,18–20	197
7,12–14, 7,16	207
12,3–6	71
12,16	80
13,8	x
15,6	58
15,17	59
15,21–22	51
15,22	128
16,3	99

2. Korinther

3,3	70
5,17–19	83
5,17–20	92
5,20	85
12,10	36

Galater

3,13	50
5,13–14	136
5,19–23	173

Epheser

1,17	70
2,1–10	75
5,22–6,10	208
6,1–9	160
6,2–3	160

Philipper

1,19	70
2,5–11	16
2,8–11	152
3,2–11	41
3,7–11	186
3,9–11	229
3,10–11	59
4,11–13	118

Kolosser
3,12–13 232
3,17 208
3,23 160
3,23–24 .... 202, 203

1. Thessalonicher
5,17 .... 195, 204

1. Timotheus
6,10 180

2. Timotheus
3,16–17 23

Philemon
1,16 203

1. Petrus
2,24 48
4,14 70

2. Petrus
3,5–7 88

Hebräer
2,14–17 44
4,1–11 41
4,15 50
5,1 42
5,5–6 41
8,1–2 63
9,14 70
11,1 5

Jakobus
2,17 153
2,26 115
4 156

Offbarung
22,2 157
2,10 222
4,10–11 220
4 222
4,11 10
18,2 53
19,5–8 189
19,9 206
19,10 70
21,5 161
22,2 112
22,4 153

ANERKENNUNG

Diese Übersetzung entstand im vergessenen Jahr 2020, als die Welt darum kämpfte, das Coronavirus zu überwinden. In meinem Fall habe ich dieses Projekt Freunden gegenüber als meine virtuelle Reise nach Deutschland bezeichnet. Vielleicht könnte ein Psychologe dies als einen Versuch bezeichnen, mich inmitten des gesellschaftlichen Chaos an einen fröhlichen Ort und Zeit in meinem Leben zurückzuversetzen. Meine Gedanken wanderten oft zurück zu meiner erlebnisreichen Zeit als Austauschstudent an der Universität Göttingen (1978/79).

Ich kam auf meiner ersten Reise als ein Student der Agrarökonomie, der versuchte einen Beruf zu erlernen, nach Deutschland und kehrte nun in meinen Gedanken als ein christlicher Autor mit einem ganz anderen Angebot zurück. Auf jeden Fall möchte ich allen meinen Kolleginnen und Kollegen danken. Danken möchte ich auch der Gemeinde der Kirche in Herberhausen, wo ich damals meine Sonntagvormittage verbracht habe.

Ihr bleibt tief in meinem Herzen.

ÜBER DEN AUTOR

Der Autor Stephen W. Hiemstra ist seit über 35 Jahren mit seiner Frau Maryam verheiratet; die beiden leben in Centreville, Virginia, und haben drei erwachsene Kinder.

Stephen arbeitete 27 Jahre lang als Ökonom in mehr als fünf Bundesbehörden, wo er zahlreiche Regierungsstudien, Zeitschriftenartikel und Buchbesprechungen veröffentlichte. Auf WorldCat.org finden Sie eine vollständige Liste der in einer Bibliothek in Ihrer Nähe verfügbaren Bände.

Er schrieb sein erstes Buch, *A Christian Guide to Spirituality*, 2014. Im Jahr 2015 übersetzte und veröffentlichte er eine spanische Ausgabe, *Una Guía Cristiana a la Espiritualidad*, und 2016 schrieb er ein zweites Buch, *Life in Tension*, dass sich ebenfalls auf christliche Spiritualität konzentriert. Eine spanische Ausgabe—*Vida en Tensión*— erschien 2021. Stephen veröffentlichte 2017 seine Memoiren unter dem Titel, *Called Along the Way*, und 2018 veröffentlichte er eine *Spiritual Trilogy* (eine eBook Zusammenstellung) sowie sein erstes Hardcover-Buch, *Everyday Prayers for Everyday People*. Sein Buch, *Simple*

Faith, veröffentlichte er 2019. Im Jahr 2020 veröffentlichte er *Living in Christ,* das fünfte und letzte Buch seiner christlichen Spiritualitätsreihe. Im Jahr 2021 veröffentlichte er *Masquerade,* seine erste Novelle, und schrieb auch ein darauf basierendes Drehbuch.

Stephen hat sein Studium am Gordon-Conwell Theological Seminary in Charlotte, North Carolina, mit dem Masters of Divinity (MDiv 2013) abgeschlossen. Er promovierte (Ph.D., 1985) in Agrarökonomie an der Michigan State University. Er hat in Puerto Rico und in Deutschland studiert und spricht Spanisch und Deutsch.

Sie können mit Stephen unter T2Pneuma@gmail.com korrespondieren oder seinem Blog unter http://www.T2Pneuma.net folgen.

Wenn Ihnen *Ein Christlicher Leitfaden Zur Spiritualität* gefallen hat, schreiben Sie bitte eine Rezension und stellen Sie sie online.

www.ingramcontent.com/pod-product-compliance
Lightning Source LLC
Chambersburg PA
CBHW062033120526
44592CB00036B/1898